[Paul Adam]

SYMBOLISTES ET DECADENTS

Articles recueillis,
annotés et présentés
par
Michael Pakenham

University of Exeter
1989

A Jean-Dominique Biard

Patience et longueur de temps
Font plus que force ni que rage.
Jean de la Fontaine

Unos contra multos
Unos pro multis
Anonyme

Illustrations: Board of Trustees of
Victoria & Albert Museum

First published 1989 by
The University of Exeter

Exeter University Publications
Reed Hall
Streatham Drive
Exeter EX4 4QR
England

©M. Pakenham 1989

ISSN 0309 - 6998
ISBN 0 85989 300 6

June 1989

Printed in Great Britain by BPCC Wheatons Ltd, Exeter

339268

INTRODUCTION

Les textes que nous présentons ont un double intérêt : à notre connaissance ils représentent la première tentative de la part d'un symboliste de "faire le point" sur la jeune école et les Décadents, en mettant sous les yeux des lecteurs d'un hebdomadaire sérieux, *La Vie moderne*, des extraits des œuvres de ses confrères pour que le public puisse les juger par lui-même.

*

* *

Tout a commencé avec la publication dans le deuxième numéro de *La Vogue*, le 18 avril 1886, d'un sonnet abscons de René Ghil et de la première page du *Thé chez Miranda*, suite de nouvelles de Paul Adam et de Jean Moréas. Aussitôt la grande presse s'en est gaussée. Ghil et Moréas, collaborateurs au même périodique au printemps, deviennent des frères ennemis et feront revue à part à l'automne, le premier dans *La Décadence*, le second dans *Le Symboliste*. Cette lutte pour être reconnu comme chef d'école, avait été déclenchée par la parution, tant retardée, sous forme de plaquette, du *Traité du Verbe* de Ghil avec le fameux "Avant-dire" de Mallarmé, à la fin du mois d'août, et par la publication du "manifeste du symbolisme" de Moréas dans *Le Figaro* du 18 septembre.

La Vie moderne a publié une série d'articles signés "Octave Malivert" et "B. de Monconys" à partir du 20 novembre 1886 et cette date n'est pas sans importance. Verlaine ne disait-il pas à Jules Tellier le 22 novembre : "Dieu merci, la querelle entre les Symbolistes, Décadents et autres euphuistes est apaisée [...]. [La] *Décadence* et [Le] *Symboliste* ont vécu. R.I.P." (1). Pourtant, dans la même lettre, Verlaine constate que *Le Décadent*, *Le Scapin*, *La Vogue*, la *Revue indépendante* et la *Revue contemporaine* existaient toujours.

Il est certain que l'année 1886 fut particulièrement féconde pour la fondation des petites revues car *La Pléiade* de Darzens en mars ne tarda pas à trouver sur ses talons *le Décadent* d'Anatole Baju (le 10 avril) et *La Vogue* de Léo d'Orfer (le 11 avril). Beaucoup d'activité donc chez les jeunes, ce qui suscita un grand intérêt mais surtout une certaine frayeur, dans les journaux de toute tendance de la République à peine adolescente. Le nombre d'articles publiés est tel que la liste que nous en avons dressée, et qui n'a pas la prétention d'être complète, figure à part (voir Appendice I). Il ne faut pas oublier non plus que, pour le public, ce renouveau dans les lettres était toujours accompagné d'une révolution parallèle dans les arts.

---

(1) Verlaine, *Œuvres complètes*, Club du meilleur livre, t. I, 1959, p. 1211.

1886 vit la huitième et dernière exposition des Impressionnistes, mais au moment même où on pouvait espérer que le mouvement impressionniste allait perdre son élan, le pointillisme arriva sous la forme de *La grande Jatte* de Seurat! et la critique d'art symboliste trouva son maître en Félix Fénéon qui s'appuyait sur les données scientifiques formulées par Charles Henry, ami intime de Jules Laforgue. Zola, cette même année, combine impressionnisme et littérature dans *L'Œuvre*. Dans cette perspective, on comprend mieux que "Octave Malivert" en publiant dans *La Vie moderne* son article "La Genèse du symbolisme" se contente de rappeler la publication l'année précédente des *Déliquescences* d'Adoré Floupette, parodie due à Beauclair et Vicaire. Il dit bien que la critique s'occupe "depuis tantôt trois ans" du renouveau esthétique, c'est-à-dire *grosso modo* depuis la fondation de *Lutèce* qui publia Verlaine, Moréas, Laforgue, Tailhade, etc., revue à laquelle Noël Richard a consacré une étude approfondie sous le titre approprié *A l'aube du symbolisme*. Malivert n'était pas un historien; il ne remonte pas à la préface de Gautier pour l'édition posthume des *Fleurs du Mal* de 1869 dans laquelle est traité longuement le thème de la décadence, ni à *A Rebours* de Huysmans, ni aux articles consacrés à la poésie moderne sous le titre général de "La sensation en littérature", par Barrès dans ses *Taches d'encre* en 1884. Malivert n'est pas insensible au passé comme le prouvent le choix de son pseudonyme emprunté aux pages d'*Armance* de Stendhal (2) et le fait qu'il trouve que les grandes luttes du romantisme, du naturalisme et du symbolisme ont en commun "les manœuvres de la presse". Cependant ce sont les événements littéraires de cette année si mouvementée de 1886 qui retiennent son attention (3). On peut s'en douter… événements et personnalités sont intimement mêlés. "Malivert", les divise en deux groupes : Baju, Ghil, Lorrain et Rachilde formant celui des Décadents; Kahn, Ajalbert, Barrès, Dujardin, Paul Margueritte, Poictevin et Sainte-Croix, celui des Symbolistes. Mais il oublie une chose. S'il parle du *Symboliste*, "journal destiné à réfuter, en quatre numéros, les moins futiles attaques", il passe sous silence *La Décadence* fondée huit jours auparavant, le 1er octobre 1886, et le fait qu'il y eut scission entre ces deux branches du renouveau poétique dont les maîtres se nommaient Mallarmé et Verlaine.

Pour mieux comprendre la querelle entre Symbolistes et Décadents, qui marque bien un tournant comme l'a constaté Guy Michaud (4), il faut se rappeler les grandes lignes de cette campagne de presse de 1886 qui ne fait que prolonger, tout en l'intensifiant, celle de 1885. Le rire franc engendré par la parodie des *Déliquescences* deviendra plutôt un rire jaune, celui d'une angoisse qui ose à peine s'avouer car, au fond, s'attaquer à la langue, c'est miner les bases de la société qui doit faire face

---

(2) Malivert est le nom d'une petite commune de Claix dans l'Isère (165 habitants en 1874). Le héros de *Spirite* (1866) de Gautier — son *alter ego* — s'appelle Guy de Malivert.

(3) "B. de Monconys" qui prendra la relève, mettra en valeur les personnalités symbolistes à partir de Verlaine, Mallarmé et Rimbaud.

(4) *Message poétique du symbolisme*, Nizet, 1947, p. 346.

sur le plan politique à la défaite de 1870, et sur le plan intellectuel au pessimisme schopenhaurien, hégelien et hartmannien. Rien n'est plus facile à comprendre que la réaction de cette société si ébranlée. Le titre "décadent" donnerait très vite le sobriquet de "déliquescent", le groupe des décadents étant "des avancés dans le sens morbide du mot" (5). De là sortira sur le plan européen la *Dégénérescence* de Max Nordau (6).

Octobre 1885 — mars 1886 avait été une période d'accalmie. Une nouvelle de Mme Georges du Peyrebrune dans la *Revue bleue* des 20 et 27 mars fait le point avec un minimum de caricature. Intitulée *Une Décadente*, c'est l'histoire d'une jeune fille poète éprise des nouvelles idées et d'égalitarisme, atteinte d'une névrose et qui voudrait en fin de compte se laisser mourir. Guérie par un subterfuge, elle rejette la littérature et l'esthétisme, s'éveille enfin à l'amour de l'honnête Marcus qui attendait patiemment et trouve de la joie au lieu de l'horreur à la pensée de devenir épouse et mère comme tant d'autres femmes. Par l'intermédiaire du père de cette héroïne singulière, l'auteur souligne les liens avec la génération précédente de poètes et fait une classification qui montre qu'elle se tenait parfaitement informée des publications poétiques :

> Heureusement que messeigneurs les décadents sont presque tous poètes, c'est-à-dire peu dangereux au point de vue de la propagation de leur système, car, depuis qu'ils s'expriment en vers, on ne les comprend pas.
> — Hélione les a compris cependant, interrompit Marcus.
> — Parce qu'elle fréquente un salon où le noyau de la petite phalange a ses entrées et débite assez volontiers ses maximes. Ceux-là d'ailleurs jouent de la décadence comme d'un téorbe pour accompagner leurs poésies rigoureusement parnassiennes et d'une forme aussi claire qu'impeccable. Ils s'étiquettent décadents pour qu'on les remarque, et ils prêchent la décadence pour qu'on les écoute. Au fond, c'est une Renaissance merveilleuse qui se prépare et qu'ils poursuivent. Ils cisèlent les vers comme Benvenuto fouillait l'or de ses buires : ce sont des artistes. D'ailleurs ils se recommandent tous des maîtres forgerons de la rime d'or : Baudelaire, Gautier, Leconte de Lisle, Catulle Mendès, Banville, Silvestre. Et ce sont d'habiles disciples que Laurent Tailhade, Stanislas de Guaita, de Hérédia, Mallarmé, Verlaine, Jean Lorrain, et d'autres, et d'autres encore. Mais il y a derrière eux les impuissants, les ratés qui s'efforcent d'être obscurs dans l'espoir de paraître sublimes. Leur pose, à ceux-là, et leur rêve maladif, c'est de faire la nuit sur la terre et dans les âmes, ils insultent au soleil, à la pourpre, aux fleurs éclatantes, à la santé, à la vie, à la femme, à l'amour!

---

(5) Mme G. du Peyrebrune, "Une Décadente", *Revue bleue*, 20 mars 1887, p. 353.
(6) Max Nordau, né en 1849 à Budapest, publia *Entartung* en 1892.

Nihil, il n'y a rien (7).

Même sous forme romanesque, Mme du Peyrebrune nous fournit un résumé assez juste de la situation jusqu'en mars 1886. A cette date un autre écho de 1885 nous est donné par le *Petit Bottin des Lettres et des Arts* dû à la collaboration de Paul Adam, Oscar Méténier, Moréas et Fénéon. Ce document indispensable à l'étude de l'époque est situé, comme le dit M. Jouanny, "au carrefour de la critique littéraire, du tableau de mœurs et ... du règlement de comptes [...]" (8). Relevons la notice consacrée à René Ghil :

Après de noires initiations et des années d'étude, on peut affronter son altière *Légende d'Ames et de Sangs*. Quant à son *Traité du Verbe* (avec préambule de Mallarmé), il est fort répandu dans les écoles primaires.

C'est à notre connaissance la deuxième allusion imprimée au fameux *Avant-dire* de Mallarmé pour le *Traité* que Ghil avait publié sous un autre titre dans *La Basoche* (juin–octobre 1885). La même revue avait annoncé en janvier 1886 que Mallarmé en ferait une préface, le manuscrit du *Traité* ayant été déposé chez Vanier dès novembre 1885. Un tel privilège accordé par Mallarmé à un de ses disciples avait de quoi rendre certains jaloux ... Il fallait cependant que Ghil attendît.

Toutefois il est certain que la priorité revient à Ghil d'avoir imprimé une esthétique du symbole (9), grâce à son article de juillet 1885(10). Nous ne parlerons pas de la dette de Moréas et de Ghil envers les Mardis de Mallarmé en ce qui concerne l'originalité de leurs propres idées.

"*Du Verbe*, préface de Stéphane Mallarmé", annoncé parmi les nouveautés sur la couverture des *Hantises* de Gustave Kahn en février 1886 tardait... En juin Ghil exprime à Vanier après une attente de huit mois sa grande impatience et son

---

(7) *Revue bleue*, 20 mars 1886, p. 354. (Evidemment Laforgue, parmi d'autres, est visé dans cette deuxième catégorie).

(8) R. Jouanny, *Jean Moréas écrivain français*, Minard, 1969, p. 269.

(9) Moréas et Ghil se laissèrent précéder par "Andante" des *Déliquescences* où il est dit en mai 1885 "Le symbole est venu" — Moréas, comme on le sait, suggéra l'appellation de "Symboliques" le 11 août 1885, *Premières armes du Symbolisme (1889)*, University of Exeter, 1973, (PAS, p. 27) à la place de "Décadents".

(10) *Sous mon cachet* : le Symbole. Lettre à Joris-Karl Huysmans, voir René Ghil, *Traité du Verbe, Etats successifs (1885, 1886, 1887, 1888, 1891, 1904)*. Textes présentés, annotés, commentés par T. Goruppi, Nizet, 1978, p. 55–56.

mécontentement de voir ce dernier donner le feu vert au *Centon* de Vignier(11).
Excédé, il retire son ouvrage de chez l'éditeur des Modernes et le donne à son
ancien condisciple de Fontanes, Rodolphe Darzens, pour les numéros de juillet et
d'août de *La Pléiade.* La composition ayant été gardée, il l'apporte, cette fois-ci
accompagnée de l'*Avant-dire* qu'il avait finalement réussi à obtenir de Mallarmé,
chez Giraud qui publie le tout à la fin août. Voila donc le texte de Ghil imprimé
à trois reprises avant le "manifeste" de Moréas, ce qui amènera une rupture entre
eux.

Mais, entre-temps, au mois d'avril, la grande presse s'empare de leurs noms,
à cause de leur collaboration au deuxième numéro de *La Vogue*, comme nous
l'avons dit au début de notre introduction. En janvier il y avait déjà eu la critique défavorable de Max Gaucher au sujet des *Complaintes* de Laforgue(12), mais
c'est surtout l'article de Paul Desjardins du 24 avril 1886 qui est à l'origine des
facéties quinze fois colportées par d'autres journaux :

NOTES ET IMPRESSIONS

Ce qu'on va lire est le commencement d'une fantaisie de M. Jean Moréas, *Le Thé
chez Miranda* :

C'est l'hiémale nuit et ses buées et leurs doux comas (i).
Quartier Malesherbes.
Boudoir oblong.
En la profondeur violâtre du tapis, des cycloïdes bigarrures.
En les froncis des tentures, l'inflexion des voix s'apitoie; en les froncis des
tentures lourdes, sombres, à plumetis.
C'est l'hiémale nuit et ses buées et leurs doux comas.
Dehors, la blancheur pacifiante des neiges.
Au foyer, la flamme s'allonge, s'allonge et se recroqueville, s'aplatit et se
renfle, — facétieuse (ii).
Et des émanations défaillent par le boudoir oblong, des émanations comme
d'une guimpe attiédie[, d'une guimpe attiédie] au contact du derme.
Le jour froid des lampes filtre et se réfracte. Le jour des lampes se réfracte
en la profondeur violâtre du tapis aux cycloïdes bigarrures; il se réfracte
contre les tentures sombres, à plumetis (iii).

(i) L'auteur entend par là qu'il fait nuit (*Note de la Réd.*)

---

(11) Lettres des 15 et 20 juin 1886 citées par J. L. Debauve, *Laforgue en son temps*, Editions
de la Baconnière, Neuchâtel, 1972, p. 29.
(12) Debauve, p. 210–211.

(ii) Le mot *facétieuse* n'est pas pris au sens ordinaire. Ici ce mot est admirable (*Id.*).

(iii) *Coma* veut dire *sommeil*; un *cycloïde* est un *rond*; le *derme* est la peau (*Id.*).

Ce qui suit est le commencement d'un sonnet de M. René Ghil :

> Notre haut vœu qui soit par les seuls mots l'austère
> Orchestre, joie, amour, deuil et sérénité,
> Sonnent trop de silence au rêve de la Terre,
> Qu'il s'éloigne l'instant d'un sourire jeté.
>
> C'est le droit de la Tête astreinte au solitaire
> Assentiment sur tout vélin tant anuité,
> Poëte! de parfois s'orner d'or adultère
> De soleils sans souci revenus de l'été (iv).

(iv) Nous croyons, sans en être sûr, que le poète
veut parler d'un chapeau de paille. (*Id.*)(13)

Il faut relire quartorze fois chacun de ces fragments, puis fermer les yeux en portant la main droite à son front et la gauche à son cœur. Alors on découvre le sens de ces paroles, ou plutôt on verra nettement ce qu'elles représentent. Chaque mot est un coup de pinceau; chaque phrase, que vous croyez incolore, est ou bleue ou rose, ou couleur d'aigue (*sic*) marine; l'ensemble est un émail polychrome et chatoyant comme la queue d'un paon. Rien, pour qui connaît le secret, n'est plus beau que cette façon d'écrire. On peut encore, si on veut, commencer par le dernier mot et finir par le premier : l'effet est inverse, mais il n'est pas moins satisfaisant.

A combien estimez-vous de pareilles œuvres? Quelle somme seriez-vous disposé à tirer de votre bourse pour les payer? O modestie des vrais talents! Il suffit de vingt-cinq francs par an pour recevoir trente-six pages semblables tous les samedis. La Revue s'appelle la *Vogue*; j'ai extrait mes citations du numéro de cette semaine, qui est le second de la collection : j'espère que ce ne sera pas le dernier."

---

(13) A noter, la leçon de *la Vogue* du 18 avril 1886 donne, au vers 4 : s'éteigne; au vers 5 : ta Tête.

Somme toute, grâce à cet extrait du *Thé chez Miranda*, c'est Moréas qui fut le plus souvent cité et raillé, suivi de son collaborateur Paul Adam, car le tollé recommença de plus belle avec la publication du *Thé chez Miranda* en volume. "Adamoréas" fut même critiqué par les anciens amis de *Lutèce*(14). La meilleure analyse, et de loin, se trouve dans *La Vie moderne*(15) et contraste singulièrement avec les remarques de Grosclaude qui parle de "la fabrication des phrases par le procédé mécanique de l'ingénieur Stéphane Mallarmé"; d'après lui "ce système de décortication du langage est parvenu à un tel degré de perfectionnement que les gens les plus inexpérimentés peuvent, au bout de quelques jours, se trouver à même de décarcasser un cent de phrases en moins de temps qu'il n'en faudrait pour les écrire; c'est ainsi que deux jeunes romanciers viennent de manufacturer, à l'aide des nouveaux appareils, un recueil de nouvelles intitulé le *Thé chez Miranda* [...]". Après avoir donné deux échantillons, Grosclaude donne le conseil à "ces petits jeunes gens" de ne jamais voyager du côté de Lilliput car Swift avait bien dit : "Un auteur qui quitte le style pur, clair et sérieux, pour employer un jargon bizarre et guindé, avec des métaphores recherchées et inaccoutumées, est poursuivi et hué dans les rues comme un masque de carnaval."(16). Un critique sympathique — le plus clairvoyant selon Kahn(17) — fut Paul Ginisty(18) qui, dans *Le Gil Blas* du 17 août, écrivit :

MM. Jean Moréas et Paul Adam sont de jeunes écrivains qui se donnent un mal infini pour trouver une nouvelle formule littéraire, pour forger une langue imagée qui, jusqu'à présent, n'aboutit guère qu'à un idiome passablement hiéroglyphique. Les "hiémales nuits et leurs doux comas", les "ombres qui rampent, incitatrices" n'ont pas paru devoir triompher du style qui suffisait à Voltaire. Ils ne se découragent pas, cependant, et sous ce titre : le *Thé chez Miranda*, ils nous offrent une douzaine de nouvelles où ils déplorent à loisir leur système.

Il semble que ce soit M. Paul Adam qui ait surtout la foi, et qui entraîne son compagnon dans les rocailleux sentiers où il se plaît, en ravivant son zèle : les nouvelles qu'a signées M. Moréas sont, en effet, d'une structure moins compliquée. L'une d'elles, l'*Innocent*, est même une page simple, tandis que M. Adam, dans le *Cul-de-Jatte*, notamment, étale orgueilleusement ses audaces. M. Moréas s'était jusqu'ici, d'ailleurs, contenté de recherches tourmentées dans ses poèmes et, à ce point de vue, ses *Cantilènes* forment un volume caractéristique.

---

(14) Jouanny, p. 56.

(15) Jouanny, p. 330.

(16) *Les Gaietés de l'année* (*Deuxième année* [1886]), Librairie moderne, s.d. [1887], p. 262–263.

(17) *La Vogue* du 23 août cité par Jouanny, p. 329.

(18) Il fit un excellent compte rendu des *Déliquescences* reproduit dans *PAS*, VIII–IX.

Mais ce *Thé chez Miranda* n'est rien encore, à côté de ce que préparent d'autres "décadents", de ce qui s'imprime, par exemple, dans une étonnante petite revue qui s'appelle la *Vogue*, où des jeunes gens, qui ont pourtant quelque chose en eux, se torturent pour rendre leur pensée incompréhensible. Si hardi qu'on se croie, on est toujours dépassé par quelqu'un. Dans le "groupe", MM. Jean Moréas et Paul Adam sont déjà des réactionnaires, des classiques, de vieilles perruques!

Point n'est besoin de rappeler que parmi ces "jeunes gens" figure le Rimbaud des *Illuminations* et des derniers vers.

Ginisty se montre vraiment prophétique dans sa conclusion — "Adamoréas" allait se trouver vite dépassé par le *Traité du Verbe* de Ghil. Sarcey, dans *La France* du 1er septembre, sonne magistralement le tocsin dans la grande presse. *L'Echo de Paris, La Justice, Le Gaulois, Le Temps, L'Evénement*, etc., lui feront écho d'autant plus que, après le 18 septembre qui voit la publication du "manifeste" de Moréas, son nom est à nouveau, tout comme en avril, accouplé à celui de Ghil. L'animosité entre les deux poètes doit remonter loin — Ghil dans ses mémoires raconte qu'il a eu une unique rencontre en tête-à-tête avec Moréas(19), et l'on sait que ce dernier passe sous silence le nom de son rival dans le "manifeste". Chaque camp prend ses dispositions pour participer à cette campagne de presse, non pas d'une manière unie face aux philistins, mais d'une manière fratricide.

Or il a toujours semblé logique de conclure que le "Manifeste" avait été formulé en grande partie à cause du bruit suscité par le *Traité*, et du fait que Léo d'Orfer dans *Le Scapin* du 1er septembre avait parlé de l'Ecole du Symbole dans son attaque vertement menée contre tout ce qui était associé à Déliquescence, à Evanescence, à Décadence : "Malgré quelques singes inqualifiables, l'école actuelle, celle du Symbole, compte quelques suprêmes artistes d'une valeur superbe et qui écrivent les vers les plus exquis et les plus délicieux que l'on ait vus"(20). D'Orfer met Mallarmé en tête suivi de Verlaine, puis Villiers de l'Isle-Adam, Moréas, Laforgue et Ghil. Villiers de l'Isle-Adam "le roi des verbes sonores" prenant la préséance devant Moréas! qui avait simplement "marqué sa place parmi eux" — ce qui est plus flatteur sans doute que "chercheur persévérant", qualitatif appliqué à René Ghil. Moréas voulait assurément affirmer sa position en refaisant dans un quotidien l'éclat qu'il fit en août l'année précédente avec sa réponse à Paul Bourde du *Temps*. Désormais, d'après son article du *XIXe Siècle*, les décadents devraient s'appeler les symboliques(21). Lui, âgé de trente ans, qui fréquentait chez Mallarmé depuis 1883 n'allait pas se laisser faire par un "morveux" de six ans son cadet! Même après la publication du

---

(19) *Les Dates et les Œuvres*, p. 75.
(20) Cité par Raynaud, p. 53.
(21) *PAS*, p. 27.

"Manifeste" dans *Le Figaro* du 18, Deschaumes dans sa chronique de *L'Evénement* du 22, ne voyait que "l'ouvrage de Ghil planant par dessus tout"!(22).

Une preuve de l'effort concerté de Moréas et de ses amis nous est fournie par un billet inédit adressé à Barrès qui se trouvait à Charmes près de Nancy :

Paris, 20 Septembre

Cher ami,

Pouvez-vous faire une chronique dans le *Voltaire* à propos de mon article publié dans le *Figaro* de Samedi?

C'est de toute utilité pour la cause commune.

bien à vous

Jean Moréas

Paul Adam

Gustave Kahn.

Sur la même feuille la cause commune est encore invoquée par deux autres messages de ces conjurés :

Mon cher. Le *Centon* va paraître à la fin du mois. Si tu peux faire qqchose relativement à Moréas, il serait bon de citer *des noms*, en omettant par exemple ceux de la *Revue Contemporaine*.

Ton

Vignier

Avez-vous reçu les derniers *Vogues* — ne me rappelant plus si vous hantez rue Chaptal le 14 ou le 19 je les envoyais au *Voltaire*. Les recevez-vous sinon réexpédierai.

Gustave Kahn(23)

---

(22) Cité par Baju, "Revue des journaux", *Le Décadent*, 25 septembre, p. 3A.

(23) Document du fonds Barrès non classé, communiqué grâce à l'obligeance de Mme Marie Odile German, Conservateur directeur des manuscrits à la Bibliothèque Nationale.

Le 25 septembre, c'est un coup de théâtre. *Le Décadent* livre ses colonnes aux symbolistes. La note de Baju, directeur — rédacteur en chef, en tête du journal est formelle :

> *A partir de ce numéro, le* Décadent *cesse d'être l'organe exclusif des "Jeunes". Il devient le journal militant des écrivains de la nouvelle école littéraire.*
>
> *Chaque numéro contiendra une chronique dont les signataires seront successivement* : MM. Paul Adam, Jean Ajalbert, Edouard Dujardin, Gaston Dubreuilh, Félix Fénéon, Charles Henry, Gustave Kahn, Jules Laforgue, Jean Moréas, Charles Vignier, Téodor de Wyzewa.

Kahn commença. Après son texte, il était annoncé : "Nous publierons dans notre prochain numéro une Chronique de JEAN AJALBERT." Pourtant il n'en fut rien et le feuilleton d'Adam n'eut pas de suite. Le 2 octobre *Le Décadent* paraît dans une nouvelle présentation chez l'imprimeur Alcan-Lévy au lieu de chez Baju. Dans son éditorial Baju se contente de dire : "Décadents proprement dits, Symbolistes et Quintessents [*sic*] doivent se coudoyer ici dans une noble confraternité. Le *Décadent* est l'organe de l'ensemble et non d'une secte particulière [*sic*]." L'explication de ce qui s'est passé nous est fournie par une lettre indignée de Rachilde publiée dans le dernier numéro de *Lutèce*. En conversation avec Vignier "le sieur Kânnh [*sic*] (Gustave) chef d'école paraît-il, (ô Moréas, où es-tu?)" avait déclaré que les vrais Symbolistes "ne mettraient jamais leur nom sacré à côté des noms de..." — et Rachilde cite le sien puisqu'elle ne protestait qu'en son propre nom. Son anathème se termine sur la promesse que jamais une ligne de Kahn ni de ceux qu'il avait égarés sur son chemin ne passerait au *Décadent* et que *Le Scapin* suivrait la même ligne. Verlaine, Mallarmé, René Ghil leur suffisaient, avec certains nouveaux jeunes, pour représenter l'école actuelle(24). Cette tentative infructueuse de s'emparer du *Décadent* priva, pour le moment, Kahn du forum hebdomadaire et militant que, sans doute, il cherchait pour son équipe de *La Vogue*. Aussitôt après cette expulsion, lui et ses amis méditaient autre chose, de même que Rachilde et ses amis .... Entre temps Kahn publie le 28 septembre une "Réponse des Symbolistes" dans *L'Evénement*(25) à l'occasion d'un article d'Edmond Deschaumes, "Symbolistes et Cymbalistes". Le même jour Ghil écrivait à Mallarmé pour lui parler du *Traité* :

> Le "Décadent", vous le savez, a fait une réclame énorme, et dépassait même le but.

---

(24) Sur cette affaire consultez le ch. VIII de N. Richard II.
(25) Voir ce texte *infra.*, p. X, n. 25.

Or, ces messieurs qui font des vers faux, Moréas, Kahn, Wyzewa, et autres, ont été trouver Baju lui demandant de ne pas parler ni de moi ni du "Traité", de me renvoyer de la rédaction, de me "supprimer" parce : qu'on parlait trop de moi et que le "Traité" les embête. J'ai vu Baju qui m'a dit cela, qui m'a assuré de son dévouement, etc.... mais le dernier "Décadent" n'en contient pas moins tous les députés de la petite saleté, et un "sonnet" de moi n'a pas été mis.

Mais, le direct. du "Scapin", M. Raymond, qui a de l'argent, paraît-il, fonde un petit journal, "La Décadence", et il est venu m'offrir de diriger la rédaction selon vous et moi et ce qui est exposé au "Traité". [...] Je fais en tête un article, de scission complète avec les prétendus élèves de Verlaine : avec courtoisie, naturellement, et au seul point de vue de l'art que nous voulons, — n'admettant que le vers classique — le Symbole et la Musique(26)

La Décadence — titre qui déplut singulièrement à Mallarmé — parut le 1er octobre 1886. Ce périodique, organe de l'*Ecole Symbolique et Harmoniste*, apporte, sous le titre "NOTRE ECOLE", une déclaration de principes et la rupture — polie — avec les Décadents :

Symboliser est évoquer, non dire et narrer et peindre : la chose n'est maîtresse que lorsque elle-même mise en oubli de par ses qualités seules de rêve et de suggestion elle renaît idéalement et perce de la pensée qu'elle devient le voile volontaire.

Rien de pareil ne hante les mémoires si les noms principaux sont donnés : Jean Moréas, Charles Vignier, Jules Laforgue, Gustave Kahn, Téodor de Wyzewa.

Ce groupe d'amis (Laforgue rentrait précisément le 1er octobre de son long exil à la cour de Berlin) n'était point resté inactif. Leur tentative d'entraîner Barrès et *Le Voltaire* dans la lutte n'aboutit pas, Barrès étant malade. Adam a dû apprendre cette nouvelle par un intermédiaire car la réponse provenant de Charmes au billet du 20 septembre envoyé par Moréas ne sera expédiée que le 25 novembre(27). Une lettre inédite non datée qui doit être du 29 ou du 30 septembre informe Barrès de la situation et lui apprend que ses amis passaient à l'attaque :

---

(26) Les deux premiers paragraphes de cette lettre sont inédits. Voir S. Mallarmé III 61.
(27) Voir *infra*, p. XVII–XVIII.

Mon cher Ami,

Il nous est bien douloureux à tous de vous savoir alité et malade. Nous espérons que ces quelques temps de repos auront rétabli votre santé, et nous formons pour ce nos vœux les *plus voulus*.

Ici tout est en rumeur. L'article de Moréas publié dans le supplément du *Figaro* a suscité d'unanimes injures dans les chroniques de tous les journaux. Kahn a répliqué dans l'*Evénement* et, ainsi que nous le désirons, il a nettement indiqué les personnalités en valeur par opposition à la masse des inhabiles où la malveillance traîtressse des reporters avait fourvoyé l'attention du public. Inutile de dire que vous y êtes cité en bonne place et avec les éloges dûs.

Le Gaulois, Le Temps, La Justice, etc, etc — ont proclamé en articles importants et longs leurs futiles et malséantes répulsions. Une étude est promise dans *La Revue Bleue*. Enfin avec la commandite de la maison Tresse et celle de Soirat(28), nous fondons un hebdomadaire portevoix qui aura nom *Symbole* [sic] et dont le rédacteur en chef sera Moréas. S'adjoindront les collaborateurs Kahn, Fénéon, Dujardin, Ch. Henry, Vignier. Nous espérons que vous voudrez bien nous apporter votre concours et prendre place dans ces rangs.

Dans les colonnes guerre sera faite aux Décadents et autres ...

J'ai parlé à Kahn de vous expédier *La Vogue*. Il a promis. Jusques le présent le service vous avait été fait au *Voltaire* [...](29).

Si Adam et Moréas avaient su ce qu'en pensait Barrès! Le 6 octobre ce dernier écrivait à Charle Le Goffic :

---

(28) Alphonse Soirat fut le dépositaire de *La Vogue* et du *Scapin* sans oublier *Le Pal* (1885) de Léon Bloy. En effet il se fit éditeur une seule fois après le refus de Stock de lancer, en novembre 1886, *Le Désespéré* bien que déjà imprimé.
(29) Document du Fonds Barrès en voie de classement, très aimablement communiqué par Mme Marie Odile German, Conservateur directeur des manuscrits à la Bibliothèque Nationale.

Si je vous parlais plus longuement, nous causerions des Décadents : avez-vous lu l'article de Moréas dans *le Figaro*, l'article de Kahn dans *l'Evénement*? Il paraît que j'y suis mêlé : je suis d'ailleurs fort loin de tout cela(30).

C'est ici qu'il faut donner la lettre de Barrès du 25 novembre laquelle, malgré sa publication par J. Ann Duncan, est peu connue :

Mon cher Adam,

C'est à vous que j'écris ne sachant au juste le numéro de Moréas.

Je suis souffrant et comme vous voyez assez souffrant pour ne vous pouvoir écrire moi-même.

J'ai reçu vos lettres, je n'ai pas lu le journal en étant fort empêché par ma santé.

Et c'est encore la même raison qui m'arrêtera d'entreprendre des esthétiques, des polémiques, des nomenclatures, en un mot ce que vous me demandez. Et ce que je désirerais tout comme vous.

Toutefois, si Moréas dans ledit article du *Figaro* m'a cité comme il est probable, je serai toujours en mesure de faire reproduire sa chronique avec premier commentaire dans le *Voltaire* et de prier ensuite, comme service personnel, un camarade du journal qu'il insiste là-dessus.

Autrement, si Moréas s'en est tenu à parler des principes comme j'estime que les (*illisible*) des décadents sont uniquement des imbéciles il me faudrait trop de peine, de réflexions pour le dire, pour dégager la question, pour faire enfin la place telle que vous, moi et lui (et deux ou trois autres) la souhaitons évidemment.

Quand je serai sur place, je serai tout disposé à m'employer du mieux possible dans notre intérêt commun.

---

(30) L. Dubreuil, "Lettres de Maurice Barrès à Ch. Le Goffic. La revue *Les Chroniques*", *Les Annales de Bretagne*, t. LVIII 1951, p. 19–88. Cet important article qui renferme une quarantaine de lettres de Barrès n'a pas été relevé par M. M. Davanture, *La Jeunesse de Maurice Barrès (1862–1888)*, 1975.

Je vous serre la main, mon cher Adam, ainsi qu'à Moréas. Dicter cette
lettre m'est déjà une besogne, dites donc simplement à Vignier que je
serai rétabli et tout à sa disposition pour les *Cent ans* [*sic* pour *Centon*],
à Kahn, que je n'ai rien reçu depuis le 10 août — où je quittai Paris —,
je le remercie d'y penser.

Maurice Barrès(31).

Barrès ne fut pas de sitôt sur place, sa carrière journalistique ayant été bru-
talement interrompue par sa maladie comme il l'avait bien fait comprendre à Le
Goffic un mois auparavant :

...j'ai interrompu le *Voltaire*, je ne donne rien à mes Revues, je ne publie
pas de volume le mois prochain; je ne sais ni ne me préoccupe de ce qui se
passe à Paris. [...]
Enfin, pour tout dire, je viens de décliner des propositions du *Figaro*(32).

En janvier 1887, il partira en convalescence pour l'Italie et n'avait pu aider ses amis
entre-temps. D'ailleurs à la date de sa réponse du 25 novembre la situation avait
déjà beaucoup évolué. Verlaine ne disait-il pas à Jules Tellier le 22 novembre que
"la querelle entre les Symbolistes, Décadents et autres euphuistes" était apaisée et
que *La Décadence* et *Le Symboliste* avaient vécu(33). Ghil, écrivant à Verhaeren
le 9 décembre 1886, en donne l'explication : "*La Décadence? Le Symboliste* de
Kahn et de Moréas étant tombé après le n° 4, elle n'avait plus raison d'être et elle
mourut au n° 4 aussi"(34). Cette explication gomme de toute évidence la vérité car
après son troisième et dernier numéro du 15 octobre, *La Décadence* fut absorbée
par *Le Scapin*, tandis que le quatrième et dernier numéro du *Symboliste* est daté du
30 octobre(35). Cela est d'autant plus navrant que, le 31 septembre, Trublot (Paul
Alexis) avait fait dans *Le Cri du Peuple* une comparaison entre *Le Symboliste* et *La
Décadence*, et que le 1ᵉʳ novembre, Auguste Germain dans les colonnes du *Voltaire*

---

(31) *L'époque symboliste et le monde proustien à travers la Correspondance de Paul Adam*,
     Nizet, 1982, p. 28–29.
(32) Lettre du 25 octobre 1886 publiée par L. Dubreuil, *loc. cit.*, p. 40.
(33) Voir *supra*, n. 1.
(34) Jouanny, p. 432, n. 31.
(35) Verhaeren, de passage à Paris en novembre, fut prié par Moréas de collaborer au
     Symboliste mais doutait que son journal durât assez longtemps pour insérer les vers
     du poète belge (voir Jouanny, p. 290); le fait que ce dernier informe Khnopff le 24
     novembre que Ghil était en froid avec Moréas et Kahn n'a rien de surprenant.

adressa une longue lettre en réponse à Jacques Plowert (c'est-à-dire Paul Adam) faisant ainsi de la publicité pour *Le Symboliste* qui n'existait plus!(36).

Cette guerre entre deux journaux, même courte, fut dure(37). Si leurs chevaux de bataille caparaçonnés s'étaient entre-tués, les combattants, eux, étaient toujours en vie, toujours aussi hargneux. Tout comme Kahn qui avait répondu à *L'Evénement*, Ghil envoya le 30 octobre une lettre de protestation à *La France* qui fut publiée le 4 novembre. Sans doute savait-il déjà que son ami Gaston Dubedat avait l'intention de fonder une revue mensuelle à son intention, les *Ecrits pour l'Art*, dont le premier numéro verra le jour le 7 janvier 1887.

Ce qui est certain, c'est qu'en octobre 1886(38) le camp opposé, celui de Moréas et de Kahn, comptait présenter sa propre cause dans une revue hebdomadaire ouverte à toutes les tendances nouvelles tant artistiques que littéraires : *La Vie moderne* qui avait été fondée en 1879 par Charpentier(39).

Le premier article, "Genèse du Symbolisme", signé "Octave Malivert", parut le 20 novembre 1886 précédé du "chapeau" suivant :

Symbolistes et Décadents sont d'actualité. La VIE MODERNE *leur consacre, cette semaine, un leading article signé d'un pseudonyme qui cache une personnalité symboliste. Ces personnalités seront dépeintes dans notre prochain numéro qui contiendra leurs portraits à la plume et au crayon.*

Nous donnerons en outre une poésie symboliste de Jean Moréas, avec la musique, également symboliste, de M. Gaston Dubreuilh.

Nos lecteurs s'intéresseront évidemment à ces manifestions curieuses.

---

(36) "Le Symbolisme".
(37) Voir, par exemple, les aménités de L. d'Orfer dans *La Décadence* du 15 octobre et J. Lethève, p. 196–200.
(38) L'idée d'une série d'articles sur la nouvelle école, celle du Symbole, avait germé avant le 4 octobre car ce fut à cette date que Paul Adam annonça une bonne nouvelle à son ami le dessinateur F.-A. Cazals (1865–1942) :
L'affaire est arrangée avec la *Vie Moderne* pour que vous fassiez les croquis de quelques uns d'entre nous. Venez demain matin pour que nous nous entendions; en tout cas ces messieurs viendront poser dans l'après-midi de samedi, chez moi (Lettre publiée sans annotation par J. Ann Duncan, *loc. cit.*, p. 28.)
(39) Cette revue mérite bien une monographie; par exemple elle publia en 1887 des articles équitables et bien informés sur les Néoimpressionnistes et sur Odilon Redon, et nous avons déjà remarqué que, selon l'avis du professeur Jouanny, le meilleur compte rendu du *Thé chez Miranda* s'y trouve (Jouanny, p. 330).

A partir d'aujour'hui un registre est ouvert aux bureaux de la VIE MO-
DERNE : *sont invités à venir s'y inscrire toutes les personnes qui adhéreront
au programme que nous publierons. Les adhésions par lettre seront également reçues. Nous publierons les noms des adhérents qui voudront bien
nous y autoriser.*

*Ainsi sera constaté l'importance de la littérature nouvelle et du groupe
un peu artificiel d'écrivains que rallient des tendances communes.*

*Nous publierons impartialement les lettres, articles et documents divers
qui nous parviendront sur ce sujet, notre éclectisme nous permettant d'accueil-
lir sans parti pris toutes les communications que provoquera l'initiative
prise par la* VIE MODERNE.

Qui est l'auteur, qui sont les auteurs de ces articles? Qui se cache(nt) derrière
les pseudonymes d'"Octave Malivert" et de "B. de Monconys" qui ne figurent pas
dans le dictionnaire de Georges d'Heylli publié en 1887? Des suppositions ont été
faites : pour M. Debauve il s'agit de Georges Vanor, pour Mme Halperin de Paul
Adam, et pour M. Jouanny de Charles Henry à cause de la publication par celui-ci
d'un choix de textes tiré des *Voyages*(40) publié d'abord dans *La Vogue*(41). Est-ce
une seule personne? Paul Dollfus dans son compte rendu des *Demoiselles Goubert* ne
semble pas s'être aperçu du changement de pseudonyme dès le deuxième article. Le
4 décembre, il renvoie aux "articles publiés ici même" par l'écrivain symboliste qui
signe Octave Malivert, puis ajoute pour nous confondre " — pseudonyme que le style
si reconnaissable rend superflu — "! Il faudrait, à mon avis, éliminer la suggestion
faite par M. Debauve concernant Georges Vanor, né le 10 août 1865, écrivain et
conférencier précoce il est vrai, et auteur en 1889 d'une brochure sur *L'Art symboliste*. Mais lorsqu'on consulte *La Revue rose*, c'est-à-dire les rares numéros de 1887
(3e année) qui subsistent à la Bibliothèque Jacques Doucet, on constate que le style
du secrétaire de rédaction, futur rédacteur en chef, est tout à fait dépouillé; nulle
trace de "vocables restaurés". La déduction selon laquelle Vanor serait l'auteur
parce qu'il ne fait pas l'objet d'une étude dans *La Vie moderne* n'est pas logique
étant donné que le "chapeau" cité plus haut n'exclut pas du tout la possibilité
qu'un des écrivains mentionnés par Monconys soit l'auteur de cette série d'articles.
D'ailleurs peut-on qualifier Vanor de "personnalité symboliste"? Qui plus est, on
s'attendrait à ce qu'il gardât ses sympathies envers ses anciens camarades du lycée
Fontanes, le groupe de Ghil, Merrill, etc., qui, en 1883, avait fondé *Le Fou* auquel
collaborait Vanor. Charles Henry qui publia un inédit de Stendhal n'ignorait certes

---

(40) *Les Voyages de Balthazar de Monconys*, Documents pour l'Histoire de la Science, Paris,
1887.
(41) *La Vogue* à partir du 2 mai 1886.

pas le nom d'Octave de Malivert; c'eût été mal choisi comme pseudonyme sur le
plan personnel puisque tous les témoignages font clairement comprendre qu'il en fut
l'opposé; sur le plan littéraire, ne faisait-il pas trop décadent pour un historien du
symbolisme? Avec l'esprit scientifique et critique que Henry possédait à merveille
il peut aussi être éliminé sur le compte du style. D'ailleurs un pseudonyme symbole
d'impuissance n'aurait guère convenu à une personnalité symboliste? Celui de B. de
Monconys, au contraire, signalait le voyageur, l'explorateur, le curieux et l'identifiait
au groupe de *La Vogue*, description qui conviendrait assez bien à Fénéon. On est
troublé de trouver que Monconys décrit Vignier comme ayant "une tête dans le
goût de Clouet"(42) tandis que Fénéon affirme qu'il avait une "figure dans le goût
des plus fins "Ecole de Clouet"."(43). Vu que ce texte du n° 300 des *Hommes
d'Aujourd'hui* écrit pour lancer *Centon* date du début de 1887, il est impossible de
savoir qui a lancé cette comparaison qui pouvait être un lieu commun employé par
ses amis. Encore une fois, le style précieux et soigné de Fénéon ne cadre pas avec
notre/nos auteur(s) anonyme(s).

L'auteur à notre avis doit être Paul Adam. Mme Halperin(44) affirme ceci
sans donner de raisons. Lorsqu'on parcourt cette série d'articles on est frappé dans
l'ensemble par le nombre de citations — ce qui leur confère évidemment une valeur
documentaire. En les examinant de près on constate que l'on est en présence
d'un journaliste au joli coup de ciseaux. Il puise ses citations dans les journaux
et les revues; elles sont si longues que l'on sent la coupure de presse collée dans le
manuscrit — on ne s'attendrait pas à autre chose dans le cas du "Manifeste" ou
de l'article de Kahn paru dans *L'Evénement*; Adam, justement sur "La Presse et le
Symbolisme" est très longuement cité d'après le texte du *Symboliste*; tiré du même
journal il y a encore un large extrait de Fénéon sur les *Illuminations*, et nous avons
montré dans les notes que les passages qu'on croirait empruntés à sa plaquette *Les
Impressionnistes en 1886* proviennent en fait du *Symboliste*(45). Ailleurs *La Vogue*
est souvent mise à contribution (Mallarmé, Kahn, Laforgue, Dujardin). Or qui
était chargé au *Symboliste* de rendre compte des attaques de la grande presse sous
la rubrique de "Parenthèses & Incidences"? Plowert, autrement dit, Adam. Le fait
que ce fut Adam qui s'entendit avec *La Vie moderne* pour demander des portraits
à Cazals ne peut être concluant, mais si on ajoute à cela les sentiments exprimés
dans sa lettre à Barrès citée plus haut, le désir de faire la guerre aux Décadents,
mais surtout le désir de se justifier devant la grande presse, désir exprimé au début
du premier article de *La Vie moderne*, on est amené à conclure que selon toute
probabilité, Paul Adam est l'auteur responsable des articles de *La Vie moderne*, ce
qui n'exclut pas des consultations avec Moréas et Kahn(46).

---

(42) *Infra*, p. 39, n. 75.
(43) Fénéon p. 612.
(44) Fénéon, p. 1031.
(45) *Infra*, p. 37, n. 59.
(46) On peut noter aussi que la notice consacrée à Adam est bien plus longue que celle

Les portraits mentionnés plus haut(47) méritent notre attention. *La Vie moderne* publiait beaucoup d'illustrations et ne lésinait pas sur les culs-de-lampe et sur d'autres décorations. Par exemple, une belle lettrine pour le "L" de "Lorsque ..." figure au début du premier article sur "La Genèse du Symbolisme". Adam avait réussi à réunir chez lui le samedi 6 novembre Laforgue, Fénéon et Kahn afin de poser pour Cazals. Sainte-Croix aurait dû sans doute être du nombre puisque Cazals fit de lui un dessin d'après un croquis de Germain Nouveau. Le choix allait de soi car Adam et Cazals étaient déjà de bons amis dès avant août 1885(48) et il y avait eu auparavant deux projets de collaboration(49). Cazals d'ailleurs fréquentait les mêmes milieux et il avait même publié plusieurs croquis à la plume dans *Le Décadent* : Alexis, Kahn, Moréas, Rachilde et Verlaine. Des six portraits faits par Cazals nous en reproduisons cinq pour la première fois, seul celui de Laforgue a été donné en 1972 par M. Debauve. Ils ont, en outre, l'avantage d'avoir été faits d'après nature, celui de nous fournir les toutes premières images de ces jeunes gens avec plus de détails que les portraits connus; comparez ceux-ci, par exemple, à celui de Kahn par Luce(50), à celui d'Adam par "Zed"(51), tandis que celui de Fénéon semble être le seul à montrer ce dernier avec des moustaches et la pleine barbe au lieu de la barbiche à la yankee qu'il porte dans les portraits célèbres dûs à Signac et à Toulouse-Lautrec. Tous les autres sont faits d'après des photographies à l'exception de celui de Mallarmé — "reproduction d'une eau-forte [*sic*] d'après Manès [*sic*]", en fait son portrait à l'huile de 1876 reproduit dans les *Poètes maudits*(52). Notons que le bois d'après la photographie de Rimbaud faite par Carjat en 1871 est également tiré de la même source. G. Taverne fit des dessins d'après des photographies qui furent reportés sur bois par Michelet. Les originaux des dessins ne sont pas difficiles à trouver : le portrait de Verlaine est copié sur la photographie parue dans *Têtes de pipe* de Mostrailles, chez Léon Vanier en 1885; celui de Moréas doit être fait d'après une photographie d'Emile Cohl (comparer avec son portrait-charge, toujours de Cohl, dans *Les Hommes d'Aujourd'hui* n° 268(53)). Barrès, absent de Paris, est représenté par un dessin de A. Sautheux qui a pour origine une photographie prise vers 1880 lorsqu'il était étudiant à Nancy(54). Poictevin est assez différent du dessin fait de lui par Cazals quelques années plus tard(55). La tête de Vignier est identique au portrait en pied fait par M. Reymond pour *Les Hommes d'Aujourd'hui*

---

accordée au poète des *Cantilènes*.

(47) Voir *supra*, n. 38.
(48) Adam, *Correspondance*, p. 19.
(49) *Ibid.*, lettres IX, X et XIII.
(50) F 2, planche V.
(51) *Les Hommes d'Aujourd'hui*, n° 304.
(52) *Lutèce*, 29 mars au 5 avril 1884; voir l'édition due à M. Décaudin, SEDES, 1982, p. 5.
(53) F 2, planche III; *PAS* frontispice.
(54) *L'Œuvre de Maurice Barrès*, t. I, Documents, planche III.
(55) Voir F 2, planche II.

n° 300(56). Dans le cas d'Edouard Dujardin nous avons un dessin de lui avant qu'il n'adoptât le port de la pleine barbe tel que L. Anquetin le représente dans le numéro 388 des *Hommes d'Aujourd'hui* très différent du profil de lui esquissé par J.-E. Blanche en 1888(57). Et ainsi de suite... On peut comparer le croquis de Camille de Sainte-Croix fait par Germain Nouveau avec l'ex-libris dû à L. W. Hawkins (Sainte-Croix y est plus âgé) reproduit en facsimilé dans le reprint du *Symboliste*, L'Arche du Livre, 1970, dans les anciennes collections Eluard et Vasseur, aujourd'hui en la possession de M. Jean-Michel Place. Le buste de Vanier est copié par Taverne soit d'après une photographie de Coll-Toc soit d'après le portrait charge que cet artiste fournit à *La Nouvelle Lune* du 8 août 1886 que M. Debauve donne en face de la page 32 de son livre(58). Tout le monde est représenté à l'exception de Charles Henry et du jeune éditeur Victor Stock.

Cette belle galerie des Symbolistes qui s'opposèrent au groupe de René Ghil n'allait pas rester trop longtemps unie. La mort enleva Laforgue à l'âge de 27 ans le 20 août 1887. Moréas, en 1888, parmi d'autres affaires d'honneur, eut un duel avec Vignier(59), puis tourna casaque en fondant l'Ecole romane en 1891, ce qui amena Jules Huret à faire sa fameuse *Enquête sur la littérature* au cours de laquelle les uns et les autres se disaient leurs vérités. En 1888, cependant, on retrouve un noyau regroupé à la *Revue indépendante* : Kahn, appelé par Dujardin, devient rédacteur en chef, tandis que Fénéon et Ajalbert partagent le secrétariat de rédaction; malheureusement cela ne dura pas. Plus tard Kahn sera obligé, pour des raisons familiales, de s'exiler en Belgique. Par ailleurs Fénéon, Adam et Ajalbert collaboreront aux mêmes feuilles anarchistes. En 1887 les attaques continuent. Nous le savons par une lettre de Barrès à Léon Sorg du 10 septembre :

Les Moréas et décadents, toujours très camarades, et bons camarades avec moi. On leur a fait, cette année, une réclame énorme. Mais ils ne gagnent pas un sou et décidément sont trop ridiculisés. [...] Les Vignier, Morice sont dans la panade et m'ont l'air de ne rien faire(60).

Par un curieux hasard, un article de Jules Tellier publié dans *Les Chroniques*, la revue de Le Goffic et de Barrès, en fournit un bon exemple. Traitant de trois "décadents", il date de juillet 1887. Tellier se donne comme objectif de fixer la valeur des principaux imitateurs de MM. Mallarmé, Verlaine et Moréas — ce dernier, selon

---

(56) Voir F 2, planche IV.
(57) *Les Lauriers sont coupés* suivi de *Le Monologue intérieur*, Bulzoni, Rome, 1977, planche I.
(58) La date du 27 novembre qui y est indiquée est erronnée.
(59) Jouanny, p. 233–235.
(60) Barrès, *Le Départ pour la vie*, 1961, p. 273. Voir aussi p. 279.

le critique, "tant pour son talent très réel que pour avoir apporté avec lui la théorie du symbolisme, est devenu un maître au même titre que ses aînés"(61). Ainsi il passe en revue les jeunes faisant des rapprochements de la manière suivante : "Au reste, M. Vignier est un grand poète, si on le compare à M. Gustave Kahn"(62). "Et M. Kahn est un grand poète si on le compare à M. Ghil, l'élève attitré de M. Mallarmé"(63). Pour conclure : "Ainsi, M. Verlaine nous a menés à M. Vignier, M. Moréas à M. Kahn, M. Mallarmé à M. Ghil. Il faut convenir que l'école — si école il y a — forme des élèves qui ne lui font guère honneur. Chose admirable, il n'est pas jusqu'à M. Mallarmé qui n'ait le droit de rougir du sien"(64).

Justement Mallarmé aura bientôt l'occasion de rougir de son élève attitré. En août la brochure de Baju sur *L'Ecole décadente* est remarquée dans *Le Figaro* et Ghil ne perdit pas de temps pour répudier encore une fois toute association avec les Décadents et mettre en évidence le groupe Symbolique-Instrumentiste. Mallarmé trouva la lettre "déplorable"(65). La rupture entre maître et disciple ne tarda pas comme le prouve une lettre du 21 octobre 1887 adressée par Ghil à Albert Mockel(66).

Dans tout cela il y a une chose qui étonne. *La Vie moderne* tint sa promesse et publia le poème de Moréas mis en musique par Gaston Dubreuilh, mais il n'y a aucune allusion aux adhérents qui se seraient inscrits sur le registre annoncé dans le "chapeau" qui coiffait le premier article, ni la moindre indication que "lettres, articles et documents", comme proposés, auraient été envoyés à la revue pour y être publiés (voir *supra*, p. XIX–XX). Le registre devait constater "l'importance de la littérature nouvelle et du groupe un peu artificiel d'écrivains que rallient des tendances communes". L'histoire a heureusement répondu ... Le groupe mené en principe par Moréas renfermait tout de même un génie — Laforgue —, un futur académicien — Barrès —, un critique et un traducteur cosmopolite d'une rare qualité en la personne de Wyzewa, et trois directeurs de revues qui ont joué un rôle de première importance par la largueur de leur esprit en publiant non seulement les maîtres reconnus par la jeune génération, mais aussi en soutenant Villiers de l'Isle-Adam, en révélant Rimbaud et Laforgue, en libérant le vers, en inventant le monologue intérieur, sans oublier que ces trois autres — Kahn, Dujardin et Fénéon — étaient des critiques d'art des plus doués. Henry et, à un moindre degré, Vignier (qui semblait préfigurer un sous-Valéry) font penser que le XIXe siècle aurait

---

(61) Article repris dans la conclusion de *Nos poètes*, 1889, p. 237.

(62) *Ibid.*, p. 240.

(63) *Ibid.*, p. 244.

(64) *Ibid.*, p. 248.

(65) *Corr.* III, p. 133; la lettre de Ghil au *Figaro* publiée le 28 août est reproduite dans la note 2.

(66) S. Mallarmé, *Lettres et autographes*, présentés par B. Dujardin, *Empreintes*, n°s 10–11, Bruxelles, 1952, p. 49–50.

pu produire des "uomini universali". Ils embrassaient belles-lettres, psychologie, esthétique, mathématiques avec gourmandise. Ajalbert et Stock, par leur longévité, restent pour nous des témoins de premier ordre. L'œuvre de Sainte-Croix, de Paul Margueritte, de Poictevin, d'Adam et de Moréas a éprouvé une éclipse durable quoique ces trois derniers auront toujours une petite place réservée dans l'histoire du symbolisme grâce à leurs tentatives en faveur d'un roman symboliste. Dans l'histoire littéraire Moréas restera toujours le porte-drapeau du mouvement; il ne fut jamais un maître, nonobstant l'opinion de Jules Tellier, étant au même titre que Ghil un élève de Mallarmé; Adam, lui, si notre attribution des articles de Malivert et de Monconys est correcte, voit son rôle prendre de l'importance. Après *Le Symboliste*, il a continué la lutte contre l'incompréhension de la grande presse, attitude qui cadre avec son *Petit glossaire pour servir à l'intelligence des auteurs décadents et symbolistes* de 1888. Le dernier de ces articles fortement documentés et dûs à la première scission de septembre 1886, parut le 22 janvier 1887. Le 15 février Verlaine fait remarquer à Tellier que "Nos Symbolents et autres Décadistes semblent assoupis sauf quelques exceptions"(67). Peut-on espérer que le lecteur, s'il n'est pas encore converti, partagera au moins l'avis de Barrès après avoir parcouru ce petit recueil : "Je ne sais trop si je suis symboliste ou non ... Mais je crois que j'aime beaucoup les 'prétentions' des nouveaux venus?"(68).

PAUL ADAM. — Croquis de A. DE CADENZALS.

(67) Verlaine, *Œuvres complètes* I, p. 1224.
(68) Lettre à Le Goffic du 31 août 1888; L. Dubreuil, *art. cit.*, p. 69, n. 123.

BIBLIOGRAPHIE SOMMAIRE

ADAM, P. *La Correspondance de Paul Adam*, [...] établie, présentée et commentée par J. Ann Duncan, Nizet, 1982.

AJALBERT, J. *Mémoires en vrac. Au temps du Symbolisme 1880-1890*, A. Michel, 1938.

BALAKIAN, A. *The Symbolist Movement in the Literature of European Languages*, Akadémiai Kiadó, Budapest, 1982.

BARRE, A. *Le Symbolisme*, Jouve, 1911.

CARTER, A. E. *The Idea of Decadence in French Literature*, University of Toronto Press, 1958.

DAVANTURE, M. *La Jeunesse de Maurice Barrès (1862-1888)*. Thèse présentée devant l'Université de Paris IV le 22 juin 1974, Champion, 1975, 2 vols.

DEBAUVE, J. L. *Laforgue en son temps*, Neuchâtel, 1972.

FENEON, F. *Œuvres plus que complètes*, Textes réunis et présentés par Joan Halperin, Droz, 1970, 2 vols.

FLOUPETTE, A. [pseudonyme de H. Beauclair et G. Vicaire], *Les Déliquescences, Poèmes décadents d'Adoré Floupette avec sa vie par Marius Tapora*, Introduction et notes par N. Richard, Nizet, 1984.

GEROME "Courrier de Paris" : Les décadents, une nouvelle langue, un sonnet, *L'Univers illustré*, 2 octobre 1886.

"Courrier de Paris" : Mlle Louise Michel et les décadents, — La déliquescence à la salle de l'Ernmitage, — La suppression du mot "comme". Texte et traduction d'un sonnet de M. René Ghil, *L'Univers illustré*, 30 octobre 1886.

GHIL, R. Les Dates et les Œuvres, Crès, 1923.

Traité du Verbe, Etats successifs (1885-1886-1887-1888-1891-1904). Textes présentés, annotés, commentés par T. Goruppi, Nizet, 1978.

HALPERIN, J. U. *Félix Fénéon and the Language of Art Criticism*, UMI Research Press, Ann Arbor, Michigan, 1980.

HURET, J. *Enquête sur l'Evolution littéraire*, Charpentier, 1891.

JOUANNY, R. *Jean Moréas écrivain français*, Minard, 1969.

JURT, J. "Les Mécanismes de constitution de groupes littéraires : l'exemple du Symbolisme", *Neophilogus*, janvier 1986, p. 20-33.

KAHN, G. *Symbolistes et Décadents*, Vanier, 1902.

LAFORGUE, J. *Lettres à un ami 1880–1886*, Mercure de France, 1941.

Œuvres complètes, Edition chronologie intégrale. Textes établis avec la collaboration de D. Arkell et M. de Courten, t. I 1860–1883, L'Age d'Homme, 1986.

LETHEVE, J. *Impressionnistes et Symbolistes devant la presse*, Colin, 1959.

"Le thème de la décadence dans les lettres françaises à la fin du XIX⁰ siècle", *Revue d'Histoire littéraire de la France*, n⁰ 1, 1963.

MARQUESE-POUEY, L. *Le Mouvement décadent en France*, Presses universitaires de France, 1986.

MALLARME, S. *Correspondance*, recueillie, classé et annotée par H. Mondor et L. J. Austin, Gallimard, 1965–85, t. II–XI.

MICHAUD, G. *Message poétique du Symbolique*, Nizet, 1961.

MOREAS, J. *Les Premières armes du Symbolisme* [1889]. Textes présentés et annotés par M. Pakenham, "Textes littéraires VIII", University of Exeter, 1973.

MOREAS et ADAM *Le Thé chez Miranda*, Tresse et Stock, 1886.

Les Demoiselles Goubert, Tresse et Stock, 1886.

MORICE, C. *La Littérature de tout à l'heure*, Perrin, 1889.

L'esprit de décadence, [Colloque de Nantes, 1976], Minard, t. I, 1980; t. II, 1984.

"Le mouvement symboliste en littérature", *Revue de l'Université de Bruxelles*, 1974, N⁰ˢ 3–4.

PEYROT, M. "Symbolistes et Décadents", *La Nouvelle Revue*, 1ᵉʳ novembre 1887.

RAYNAUD, E. *La Mêlée symboliste* [1918–1922], Réimpression Nizet, 1971.

REVUES

    La Décadence, 1886
    Le Décadent, 1886
    Lutèce, 1886
    Revue bleue, 1886
    Revue contemporaine, 1885–86
    Le Symboliste, 1886
    La Vogue, 1886
    Voir également l'Appendice I.

REWALD, J. *Le Post-impressionnisme*, "Pluriel", Albin Michel, 2 tomes, 1988.

RICHARD, N. *A l'Aube du Symbolisme*, Nizet, 1961.

RICHARD, N *Le Mouvement décadent*, Nizet, 1968.

RICHARD, N *Profiles symbolistes*, Nizet, 1978.

STEPHAN, P. *Paul Verlaine and the decadence 1882–1890*, Manchester University Press, 1974.

SWART, K. *The Sense of Decadence in Nineteenth-Century France*, Nijhoff, La Haye, 1964.

TELLIER, J. *Nos poètes*, Dupret, 1888.

    Ses Œuvres publiées par Raymond de la Tailhède, t. II, Emile-Paul, 1925.

SABATIER, R. *La Poésie du Dix-neuvième siècle, 2-Naissance de la poésie moderne*, Albin Michel, 1977.

VANOR, G. *L'Art symboliste*. Préface de Paul Adam, Vanier, 1889.

VERLAINE, P. *Œuvres complètes*, Club du meilleur livre, t. I, 1959; t. II, 1960.

LÉON VANIER.   CHARLES VIGNIER.

[Paul Adam]

SYMBOLISTES ET DECADENTS

articles de Octave Malivert et B. Monconys
parus dans
La Vie moderne

20 novembre 1886–22 janvier 1887

2

TÉODOR DE WYZEWA. — Dessin de G. TAVERNE.

FRANÇOIS POICTEVIN. — Dessin de G. TAVERNE.

JEAN AJALBERT. — Dessin de G. TAVERNE.

ÉDOUARD DUJARDIN. — Dessin de G. TAVERNE.

CAMILLE DE SAINTE-CROIX. — Dessin de A. de Cadenzals.

MAURICE BARRÈS. — Dessin de A. SAUTIEUX.

JULES LAFORGUE. — Croquis d'après nature de A. DES CADENZALS.

FÉLIX FÉNÉON. — Croquis de A. DES CADENZALS.

LA GENESE DU SYMBOLISME

Lorsque, pendant plusieurs siècles, une nation exclusivement occupée de réformes politiques et sociales, a laissé sa littérature se ternir dans l'imitation des œuvres créées auparavant sous l'influence d'un esprit de cour étroit et cérémonieux, l'heure vient qui fait connaître aux intelligences novatrices la rancœur de ces perpétuelles rééditions. Alors des groupes se forment où, timidement d'abord, se communiquent des mépris contre les admirations de commande, et les enthousiasmes d'habitude; on y démonte les procédés des littératures triomphantes, on en déclare les ressorts naïvement construits, les sonneries caduques et cacophoniques, les résultats incomplets, errants, loin de satisfaire les imaginations plus affinées et plus profondément pensantes. Puis le besoin naît pour ces groupes de faire choir le bandeau d'ignorance et d'accoutumance collé au front docile des publics. Les personnalités se manifestent par des œuvres qui terrorisent aussitôt les pouvoirs trônants et jaloux de toute influence possible, inévitablement ennemie. Par ceux-ci, les injures sont lâchées, les manœuvres de la presse font jaillir leurs vocabulaires enrichis de sarcasmes sordides. S'ébattent les grandes luttes du Romantisme, du Naturalisme, du Symbolisme.

La tendance des littératures jeunes à enrichir la langue de mots instaurés[1] et de rythmes[2], à concentrer l'action de l'œuvre dans le décor subjectif d'un cerveau tout à sensations et à sentiments sensationnels, depuis tantôt trois ans cela occupe la critique. En 1885, *les Déliquescences*, une amusante parodie publiée par Adoré Floupette[3], mit la question en honneur. Tous les journaux rivalisèrent d'explications incomplètes, d'exclamations abasourdies, se copièrent les uns les autres, se recopièrent, citèrent avec force fautes des poèmes de MM. Verlaine et Moréas, un vers de Rimbaud sur les voyelles colorées (oh! de quels étourdissements ce ver[sic] les gifla!) et des sonnets mallarméens. Les auteurs des *Déliquescences*. MM. Vicaire et Beauclair, ces hommes d'esprit délicat mais badin, se trouvèrent subitement les initiateurs d'un art. M. Jean Moréas, dans un article du *XIXe Siècle*[4], renia l'appellation de Décadents dont les scribes trop pressés avaient sans raison dénommé les écrivains *nouveaux*, et proposa le terme de *Symbolisme* comme mieux applicable à l'essence même des aspirations révélées.

Déjà dans la *Revue indépendante*[5], certaines notes bibliographiques de M. Félix Fénéon (entre autres, un article remarquable sur la littérature impressionniste de M. Poictevin[6]) avaient jalonné de précises indications la voie où s'efforçaient les personnalités du futur groupe symboliste. A la *Revue contemporaine, l'Esthétique scientifique* de M. Charles Henry[7], la *Suggestion en art* de M. Charles Vignier[8], établissaient plus formellement encore les principes de la théorie. Dans la presse, il y eut un assoupissement, non pourtant si complet qu'une certaine réclame d'entrefilets et d'attaques brèves ne rendît plus célèbres les chefs du mouvement, et qu'un jeune homme, M. A. Baju, fondant à Montmartre un périodique, le *Décadent*[9], ne pût arriver rapidement à obtenir, grâce au titre, une vente importante et la notoriété.

Lors parurent aux numéros 2 et 4 de la *Vogue*, des fragments du *Thé chez Miranda*[10]. MM. Jean Moréas et Paul Adam y décrivaient des paysages exotiques et parisiens en empruntant à la nature des métaphores symbolisantes qui grevèrent de pénibles labeurs la compréhension malaisée des critiques de la *Revue bleue*. L'un même peina à traduire *c'est l'hiémale nuit et ses buées et leurs doux comas* par "nuit d'hiver" et, pour ce, prit envers son public des attitudes de numismate érudit[11]. Un sonnet moins clair de M. René Ghil[12], cité à la suite de ces fragments, devait, lui semblait-il, achever la consécration de folie dont il lui plaisait de lotir ses inopinés confrères. Quinze journaux copièrent l'article de la *Revue bleue* et réitérèrent les mêmes facéties.

Mais, — d'une entente hostile, — on ne souffla mot dans les colonnes des quotidiens, lorsque s'offrirent aux vitrines des libraires *Soi*[13], *les Cantilènes*[14]; en sorte qu'il fut possible aux reporters de déclarer, quelques mois plus tard, qu'il n'existait pas d'œuvres dans la nouvelle école et que ses écrivains n'étaient encore que des "écrivains d'avenir". Par contre la presse étrangère faisait aux deux œuvres un succès.

L'apparition en volume du *Thé chez Miranda*, ressuscita les kyrielles de calembredaines[15].

Avec son ordinaire courtoisie et sa complète indépendance d'action, le *Figaro*, sous la signature de M. Philippe Gille[16], accueillit le livre, lui prédit triomphe ainsi qu'aux auteurs[17]; et cela eut le don d'outrer les scribes du boulevard qui clamèrent à pleins feuilletons des invectives. *La Vie Moderne*, seule, osa décerner des éloges[18].

Ce bruit dure encore. Chaque jour quelque revenant des vacances refait dans un quotidien ou dans une revue l'article cent fois répété. Le manifeste de M. Jean Moréas que publia le *Figaro*[19] fit s'émouvoir les chroniqueurs. Chacun jeta son pavé. Successivement ils accusèrent les symbolistes d'imiter Ronsard : or Ronsard, le premier, entrava le vers par l'uniformité d'ordonnance; au contraire, les symbolistes élaborent des poèmes qui rompent les règles admises; — puis d'assumer le ridicule dont Rabelais nota l'Ecolier Limousin : on trouve dans tout le livre de Rabelais des centaines de termes insolites plus étranges que ceux de l'Ecolier, et, à ce raisonnement, Rabelais serait pour ces gens plus ridicule que celui qu'il ridiculisa. D'autres, avec un soin digne de leur âme, cueillent les imprécations des personnages ou les chapîtres d'amour, et ils relèvent les accusations surannées de grossièreté et de pornographie; manège malhonnête, comme si quelque mauvais farceur amputant de ses virilités l'Apollon de l'Opéra, et montrant ce seul fragment de la statue, accusait Carpeaux. L'un déclare préférer Paul de Kock[20]; celui-là, sans indice, traite les symbolistes d'ivrognes et d'enleveurs de femmes mariées.

Ces choses seraient joviales si elles n'abusaient le lecteur.

Cependant, dédaigneux de telles injures, les groupes se formaient.

Un élève de Mallarmé, M. René Ghil, ayant publié le *Traité du Verbe*, quelques critiques désagréables, celle de M. Sarcey[21] entre autres, mirent ce nom en vedette. M. Baju se rapprocha de M. Ghil. M. Jean Lorrain, Mme Rachilde[22], des jeunes gens en apprentissage de lettres s'unirent à l'acteur malmené, relevèrent le nom de décadents, l'arborèrent en tête de leurs théories et de leurs journaux. Ci[sic] le groupe des décadents.

D'autre part, aux écrivains de la *Vogue*, certaines personnalités déjà connues dans la littérature se rallièrent. MM. Jean Ajalbert, Maurice Barrès, Edouard Dujardin, Paul Margueritte, Francis Poictevin, Camille de Sainte-Croix. Ils fondèrent le *Symboliste*, journal destiné à réfuter, en quatre numéros[23], les moins futiles attaques. Là le groupe des symbolistes.

Quelques théories maintenant.

En son manifeste du *Figaro*, M. Moréas dit :

"Toutes les inquiétudes des critiques graves, toute la mauvaise humeur du public surpris dans ses nonchalances moutonnières ne font qu'affirmer chaque jour davantage la vitalité de l'évolution actuelle dans les lettres françaises, cette évolution que des juges pressés notèrent, par une inexplicable antinomie, de décadence. Remarquez pourtant que les littératures décadentes se révèlent essentiellement coriaces, filandreuses, timorées et serviles : toutes les tragédies de Voltaire, par exemple, sont marquées de ces tavelures de décadence. Et que peut-on reprocher, que reproche-t-on à la nouvelle école? L'abus de la pompe, l'étrangeté de la métaphore, un vocabulaire neuf où les harmonies se combinent avec les couleurs et les lignes : caractéristiques de toute renaissance."

Passant à la formule du symbole, le poète des *Cantilènes* ajoutait :

"Ennemie de "l'enseignement, la déclamation, la fausse sensibilité, la description objective", la poésie symbolique cherche à vêtir l'idée d'une forme sensible qui, néanmoins, ne serait pas son but à elle-même, mais qui, tout en servant à exprimer l'idée, demeurerait sujette. L'idée, à son tour, ne doit point se laisser voir privée des somptueuses simarres des analogies extérieures; car le caractère essentiel de l'art symbolique consiste à ne jamais aller jusqu'à la conception de l'Idée en soi. Ainsi, dans cet art, les tableaux de la nature, les actions des humains, tous les phénomènes concrets ne sauraient se manifester eux-mêmes : ce sont là des apparences sensibles destinées à représenter leurs affinités ésotériques avec des idées primordiales."

"Puis, ayant prouvé par d'expresses citations que M. de Banville avait, dans son *Traité de Poésie*, préconisé toutes les réformes nouvelles, il donnait ainsi l'énonciation des principes de l'écriture en prose :

"La prose, — romans, nouvelles, contes fantaisies, — évolue dans un sens analogue à celui de la poésie. Des éléments, en apparence hétérogènes, y concourent : Stendhal apporte sa psychologie translucide, Balzac sa vision exorbitée. Flaubert ses cadences de phrase aux amples volutes, M. Edmond de Goncourt son impressionnisme modernement suggestif.

"La conception du roman symbolique est polymorphe : tantôt un personnage unique se meut dans des milieux déformés par ses hallucinations propres, son tempérament; en cette déformation gît le seul *réel*. Des êtres au geste mécanique, aux silhouettes obombrées, s'agitent autour du personnage unique : ce ne lui sont que prétextes à sensations et à conjectures. Lui-même est un masque tragique ou bouffon, d'une humanité toutefois parfaite, bien que rationnelle. — Tantôt des foules, superficiellement affectées par l'ensemble des représentations ambiantes, se portent avec des alternatives de heurts et de stagnances vers des actes qui demeurent inachevés. Par moments, des *volontés* individuelles se manifestent; elles s'attirent, s'agglomèrent, se généralisent pour un but qui, atteint ou manqué, les disperse en leurs éléments primitifs. — Tantôt de mythiques phantasmes évoqués, depuis l'antique Démogorgôn jusques à Bélial, depuis les Kabires jusques aux Nigromans, apparaissent fastueusement atournées[*sic*] sur le roc de Caliban ou par la forêt de Titania aux modes mixolydiens des barbitons et des octocordes[24]."

M. Gustave Kahn proclama dans l'*Evénement* :

"Le but essentiel de notre art est d'objectiver le subjectif (l'extériorisation de l'Idée) au lieu de subjectiver l'objectif (la nature vue à travers un tempérament).

"Des réflexions analogues ont créé le ton multitonique de Wagner et la dernière technique des Impressionnistes. C'est une adhésion de la littérature aux théories scientifiques construites par inductions et contrôlées par l'expérimentation de M.

Charles Henry, énoncées dans une introduction aux principes d'esthétique mathématique et expérimentale. Ces théories sont fondées sur ce principe philosophique purement idéaliste qui nous fait repousser toute réalité de la matière et n'admet l'existence du monde que comme représentation[25]."

Dans le premier numéro du *Symboliste*, M. Paul Adam :

"Qu'on le sache donc : à notre avis, la décadence littéraire régna pendant le XVIIe et le XVIIIe siècle jusques à Chateaubriand. Les vrais décadents sont les classiques au parler si pauvre, dénué de toute puissance sensitive, de couleur, de joaillerie, de psychologie et de concision. La phrase de cette époque sonne creux; rien ne gît en dessous; le pur délayage y coule, s'y décompose, devient un liquide fade et dégoûtant. Et les gens du XVIIIe ne dépassèrent pas en talent le bon journalisme. Il faut excepter l'*Esther* de Racine, Saint-Simon, La Bruyère. Le reste ne vaut guère lecture. Corneille écrit des choses de ce genre :

> O combien d'actions, combien d'exploits *célèbres*
> Sont demeurés *sans gloire* au milieu des ténèbres;

et Racine répète sept fois la même rime dans un acte de *Phèdre*. Cela, après le vocabulaire si riche de Rabelais, de Villon, de Montaigne, des Chansons de gestes; cette phrase monotone, après les admirables périodes du *Pantagruel*, les grandioses simplicités de la mort de Roland, les puissances suggestives et mélodiques des ballades. Le meilleur de ces rhéteurs, La Bruyère, lui-même, a consacré tout un chapitre au regret des anciennes expressions.

Par suite, nous répudions absolument ce titre : *Décadence*, puisque nous cultivons précisément une littérature contraire à celle de ces écrivains.

. . . .

Ou bien le sujet choisi comporte des spéculations métaphysiques, des évocations suprêmes que ne peuvent dignement traduire les proses habituelles, simples outils de langage, formes usées, élargies par l'abus et où la pensée flotte sans consistance comme sans précision : — alors s'impose l'emploi d'un style hiératique, aux termes symboliques et rares, capables de ceindre nettement l'idée, de la sertir par des gemmes qui fixent l'attention, la maintiennent quelque temps liée à la pensée, en sorte que celle-ci apparaisse, non pas superficiellement, mais avec ses sources, ses lointains, ses dérivations, ses buts, avec tout ce qu'elle peut contenir ou suggérer. Ou bien la matière de l'œuvre est une simple représentation du monde, de la vie imaginative; et alors le style convenu lui sied, s'adapte merveilleusement, et l'emploi du symbolisme serait en tous points défectueux. Nous revendiquons, par conséquent, le droit d'écrire sous deux formes, suivant la nature des sujets. La plupart de nos œuvres seront accessibles aux lettrés; les autres, les préférées, celles du Grand Art, seront écrits pour les dilettanti compréhensifs que ne terrifiera point l'originalité de l'emblémature et qui, afin de multiplier leurs sensations — la joie sublime — s'occuperont à sonder et à percevoir toutes les richesses du symbole.

. . . .

Comme le rêve est indistinct de la vie, il faudra peindre l'état de rêve aussi bien que l'état d'hallucination, aussi bien que les rêves constants de la mémoire; puis rythmer la phrase selon l'allure de l'idée; employer certaines sonorités pour telle sensation, certaine mélodie pour telle autre; proscrire les sons qui se répètent sans harmonie voulue; rappeler une idée exprimée d'abord par un vocable d'autre valeur mais semblable d'assonance à la première expression.

La frayeur d'entreprendre ces études subtiles nous fera longtemps honnir par les confrères. Mais ce ne semble qu'une affaire de temps. La suprématie du Symbolisme s'affirmera, nécessairement, fatalement, parce qu'il est la plus artistique des théories.

Quant au reproche de ne pas marcher avec les idées modernes, cela signifie-t-il que nous ayons tort de ne pas écrire pour les boutiquiers auxquels le pouvoir est actuellement échu, ou pour récréer les plèbes?

Nous ne croyons plus aujourd'hui que l'artiste soit spécialement un pitre destiné au plaisir des foules, anxieux de lire au visage public les désapprobations, et prêt à changer sa grimace si l'on feint de sourciller. Sa mission vise de plus hautes espérances. A la foule de le suivre, de le comprendre, de s'immiscer à lui, de compliquer ses propres sensations en goûtant les siennes. Lui ne doit composer que pour lui, c'est-à-dire pour l'art qui brûle en lui, et qu'il objectivera. Tant pis si, par leur bestialité, les foules restent sourdes et aveugles.

La vie moderne ne nous demeure point interdite. Mais il sera permis de transfigurer dans une synthèse autre que celle donnée jusqu'à ce jour par l'impressionnisme du roman. Nous ne la peindrons pas telle qu'elle se subjective dans la cervelle du palefrenier ou du peintre d'enseignes, mais telle que nous la fera notre rétine individuelle, notre vision plus largement embrassante. Nous y introduirons les fantômes du rêve, de l'hallucination, du souvenir, les évocations imaginaires, parce que cela se trouve dans la vie et la fait. Et si nous reprenons les époques anciennes et les hommes anciens, les Religions, ce prouvera que nous marchons encore avec l'Art. L'art des temps persiste tout entier dans les temples et les cathédrales. Qu'on nous montre un monument artistique des serfs ou des bourgeois, il faudra s'en tenir à la guillotine et à la Bourse!

Pourquoi penser connaître mieux l'employé de bureau que l'archer du XVe siècle? Ils suivent les mêmes instincts : ils vont à la taverne et à la gouge. Identiques, leurs inspirations se bornent à cela. Seuls les accessoires changèrent. Aussi ignobles paraissent-ils l'un que l'autre, avec cette différence que l'archer possédait une brutale grandeur inconnue à l'employé, plus hypocrite, qui fait simulacre de raison et de pensée, se proclame franc-maçon, opportuniste, athée, — et s'estime pour cela.

Au reste, nous ne revenons pas en arrière. Plus une civilisation s'affine et plus elle tend à multiplier ses sensations, ses sources de joie. Notre littérature a ce but["][26].

Et ces théories ne se clament point dans les brasseries ainsi que feignent de croire les gracieux reporters.

Au café Voltaire, ce docte endroit où les Parnassiens tinrent assises si longtemps, les symbolistes se rencontrent une fois la semaine[27]. Des jours, les réunions ont lieu chez M. Paul Adam dans son appartement de la rue Daubigny près le parc Monceau, d'autres soirs chez M. Jean Moréas, au pied de la Montagne Sainte-Geneviève[28], dans une maison à vitraux et à poutrelles, à plafonds écarlates, à escalier de chêne.

OCTAVE MALIVERT.

LES PERSONNALITES SYMBOLISTES
[I]

Bouche de satyre africain, barbe flave et rebourse, front démesuré de funambule tragique : Paul Verlaine. Sa vie, un roman picaresque.

Les Poèmes saturniens, la Bonne Chanson, les Fêtes Galantes, révélaient un parnassien spécieux et spécial. C'est dans *les Romances sans paroles* que définitivement son originalité se formula joliette, musicale et évocatoire :

> Son joyeux, d'un clavecin sonore.
> (PETRUS BOREL.)

> Le piano que baise une main frêle
> Luit dans le soir rose et gris vaguement,
> Tandis qu'avec un très léger bruit d'aile
> Un air bien vieux, bien faible et bien charmant
> Rôde discret, épeuré quasiment,
> Par le boudoir, longtemps parfumé d'Elle.
>
> Qu'est-ce que c'est que ce berceau soudain
> Qui lentement dorlote mon pauvre être?
> Que voudrais-tu de moi, doux chant badin?
> Qu'as-tu voulu, fin refrain incertain
> Qui vas tantôt mourir vers la fenêtre
> Ouverte un peu sur le petit jardin?

Plus tard M. Paul Verlaine fut catholique, catholique pratiquant jusqu'à en battre sa coulpe. C'est à cette "folie de la croix" que nous devons l'admirable et rébarbatif volume de *Sagesse*; puis *Jadis et naguère*:

Voici:

LANGUEUR.

> Je suis l'Empire à la fin de la décadence,
> Qui regarde passer les grands Barbares blancs
> En composant des acrostiches indolents
> D'un style d'or où la langueur du soleil danse.

L'âme seulette a mal au cœur d'un ennui dense.
Là-bas on dit qu'il est de longs combats sanglants.
O n'y pouvoir, étant si faible aux vœux si lents,
O n'y vouloir fleurir un peu cette existence!

O n'y vouloir, ô n'y pouvoir mourir un peu!
Ah! tout est bu! Bathylle, as-tu fini de rire?
Ah! tout est bu, tout est mangé! Plus rien à dire!

Seul, un poëme un peu niais qu'on jette au feu,
Seul, un esclave un peu coureur qui vous néglige,
Seul, un ennui d'on ne sait quoi qui vous afflige!

Dans ce dernier volume de vers, des magnificences comme *Crimen Amoris*, côtoient des pages oubliées de sa première manière.

M. Verlaine est un instinctif, un Villon moderne; il chante les hasards de sa vie tantôt sur la mandore des amoureux, tantôt sur la harpe hiératique. Ses réformes de rythmes auront puissamment aidé à la révolution poétique actuelle.

En prose il a publié: *Les Poètes Maudits*, folioles de critique anecdotique; et, tout récemment, *Louise Leclercq* et *Les Mémoires d'un Veuf*, historiettes, un acte, notes marginales.

Stéphane Mallarmé : masque de soudard à longues moustaches tombantes. Le geste d'un mime sacerdotal. Le sourire et le regard scellés. Il vit serein et familial au milieu de meubles courbes. Comme son camarade Verlaine, il débuta par des vers parnassiens *L'Après-midi d'un Faune* et *Hérodiade* marquent la prime évolution: mais les plus rigoureux poèmes de cet artiste réfléchi et méthodique, ne parurent que ces derniers temps dans la *Revue indépendante* et dans *la Vogue*[29] :

M'introduire dans ton histoire
C'est en héros effarouché
S'il a du talon nu touché
Quelque gazon de territoire.

A des glaciers attentatoire
Je ne sais le naïf péché
Que tu n'auras pas empêché
De rire très haut sa victoire.

> Dis si je ne suis pas joyeux,
> Tonnerre et rubis aux moyeux,
> De voir en l'air que ce feu troue
>
> Avec des royaumes épars
> Comme mourir pourpre la roue
> Du seul vespéral de mes chars.

M. Mallarmé se complaît dans le vers racinien. De superlatives *proses* de lui, sont justement admirées.

A l'époque de la Commune, un jeune homme de seize ans, face de morveux génial, charmait et terrifiait le cénacle parnassien[30]. C'était M. Arthur Rimbaud. Il avait déjà composé de vertigineuses et chaotiques strophes : *les Chercheuses de poux, le Bateau ivre, le Sonnet de Voyelles*, etc. Après un éclatant succès et des scandales, M. Rimbaud disparut soudainement et, depuis, son existence s'auréola de fables. Nous empruntons au *Symboliste* les passages d'un article judicieux sur *les Illuminations*, dû à M. Félix-Fénéon[31] :

"Un liminaire de M. Paul Verlaine veut renseigner sur M. Arthur Rimbaud : ce disparu vaguerait en Asie, se dédiant à des travaux d'art. Mais les nouvelles sont contradictoires : elles le dirent marchand de cochons dans l'Aisne, roi de nègres, racoleur pour l'armée néerlandaise de la Sonde. Ce printemps, la *Revue des Journaux et des Livres* annonçait le "décès" de M. Arthur Rimbaud, poète et agronome. A la même époque, M. Bourget tenait d'Anglais qu'il était mort, récemment, en Afrique, au service de trafiquants d'arachides, d'ivoire, de peaux. Feu Arthur Rimbaud, — le dénomma un sommaire de *la Vogue*. Et tandis que l'œuvre, enfin publiée, enthousiasme plusieurs personnes et en effare quelques autres, l'homme devient indistinct. Déjà son existence se conteste, et Rimbaud flotte en ombre mythique sur les Symbolistes. Pourtant des gens l'ont vu, vers 1870. Des portraits le perpétuent : M. Verlaine rappelle celui de M. Fantin dans *Coin de table* et en promet un de M. J.-L. Forain[32]. La photographie même l'immobilisa[33], et d'après elle, M. Blanchon grava le portrait enclavé dans *les Poètes maudits*. Le masque est d'un ange, estime M. Verlaine[34]: il est d'un paysan assassin. Pour clore cette iconographie, voici, au mur de la *Revue Wagnérienne*, une graphide non encore signalée, d'Edouard Manet : un louche éphèbe, debout, appuyé à une table où un verre de cabaret et une tête d'ivrogne[35].

"*Les Illuminations.* — Ce sont, soudainement apparues, aheurtées en des chocs aux répercutions radiantes, des images d'une beauté bestiale, énigmatique et glorieuse suscitant du sang, des chairs, des fleurs, des cataclysmes, de lointaines civilisations d'un épique passé ou d'un avenir industriel.

["]Des corporations de chanteurs géants accourent dans des vêtements et des oriflammes éclatants comme la lumière des cimes. Sur les plates-formes, au milieu des gouffres, les Rolands sonnent leur bravoure. Sur les passerelles de l'abîme et les toits des auberges l'ardeur du ciel pavoise les mâts. L'écroulement des apothéoses rejoint les champs des hauteurs où les centauresses séraphiques évoluent parmi les avalanches. Au-dessus du niveau des plus hautes crêtes, une mer troublée par la naissance éternelle de Vénus, chargée de flottes orphéoniques et de la rumeur des perles et des conques précieuses, la mer s'assombrit parfois avec des éclats mortels. Sur les versants, des moissons de fleurs, grandes commes nos armes et nos coupes, mugissent. Des cortèges de Mabs en robes rousses, opalines, montent des ravines. Là-haut, les pieds dans la cascade et les ronces, les cerfs têtent Diane. Les Bacchantes des banlieues sanglotent et la Lune brûle et hurle. Vénus entre dans les cavernes des forgerons et des ermites[36]."

Jean Moréas. Le 9 décembre 1884, s'imprimaient à petit nombre *les Syrtes*, épigraphiées d'Ovide, de Sénèque et d'Ogier de Gombaud, sans nom d'éditeur[37]: début. Par places, l'influence de Charles Baudelaire, mais nul vasselage. Des images lumineuses prodiguées, des strophes nouées et dénouées en de complexes quadrilles; des vers [h]endécasyllabes, d'autres de neuf, des suites de rimes unisexuelles[38], de fréquents rappels de timbres.

Dès les *Syrtes* publiées, les qualités qui s'y manifestaient s'épurent. De la cohue d'images qui naissent d'une fiction poétique, seules sont élues les essentielles, et à leur expression seuls les mots essentiels concourent : la phrase se serre, laconique, médullaire et définitive; les vers s'affranchissent de la césure rigoureuse; chacun d'eux se configure suivant un plan spécial; sa musique n'est plus un jeu d'arbitraires sonorités gambadant sur le thème : elle se lie au sens, le pénètre, et, par des syllabes toniques dressées aux bifurcations d'idées, scande la phrase; les poèmes à forme fixe prépondèrent encore; les rimes se corespondent, jugulées. Et ce furent *les Cantilènes* (1886). En voici une page[39] :

La DÉTRESSE dit : Ce sont des songes anciens,
Des songes vains, les danses et les musiciens.
La tête du Roi ricane du haut d'une pique,
Les étendards fuient dans la nuit, et c'est la panique.

La DÉCREPITUDE dit : Etes-vous fous, vraiment,
Vraiment, êtes-vous fous d'avoir encor cette pose,
D'avoir encor sur les dents ce sourire charmant,
Ce sourire devant le miroir, et cette rose
Dans votre perruque, ah! vraiment, quelle est cette pose!

Le TEMPS dit : Je suis le Temps, un et simultané,
Et je stagne en ayant l'air de celui qui s'envole,
Mirage fruste et kaléidoscope frivole,
Je vous leurre avec l'heure qui n'a jamais sonné.

Alors MAYA, Mayâ l'astucieuse et la belle
Pose ses doigts doux sur notre front qui se rebelle
Et câline susurre : Espérez toujours, c'est pour
Votre sacre que vont gronder les cymbales vierges,
Et vous aurez l'or et la pourpre de Bedjapour,
Esclaves dont le sang teint les cordes et les verges.

Continue l'évolution de M. Moréas. Par lui, par M. Gustave Kahn, par M. Jules Laforgue sont bousculées les files de symétriques strophes que les imperturbables prosodies séculaires alignent, pots de même capacité : leur strophe assume un dessin multiforme; leur vers indéfiniment s'élargit. M. Moréas écrit :

Le héros arbore la tête de la Gorgone à la pointe ensanglantée
de son glaive[40];
M. Kahn :
Où s'éventèrent les parfums et les couleurs des fleurs et des fruits[41];
M. Laforgue :
Les fils télégraphiques des grandes routes où nul ne passe[42].

Mais, développer quelque apophthegme, laminer ces banalités pérennelles dites "pensées fortes et ingénieuses", enluminer un recueil de maximes, orchestrer de parémiologiques aphorismes? — La poésie n'a que faire de descriptions, d'anecdotes et de philosophie : elle doit être évocatoire, suggestive, — disons symbolique; et ainsi se présente-t-elle souvent dans *les Cantilènes*, toujours dans les rares poèmes qui ont suivi. Veut-on celui-ci?

Et votre chevelure comme des grappes d'ombres
Et ses bandelettes à vos tempes,
Et la kabbale de vos yeux latents,
Madeline-aux-serpents, Madeline.
Madeline, Madeline,

Pourquoi vos lèvres à mon cou, ah! pourquoi
Vos lèvres entre les coups de hache du Roi;

Madeline, et les cordaces et les flûtes,
Les flûtes, les pas d'amour, les flûtes, vous les voulûtes.
Hélas, Madeline, la fête, Madeline,
Ne berce plus les flots au bord de l'Ile,
Et mes bouffons ne crèvent plus des cerceaux
Au bord de l'Ile, pauvres bouffons,
Pauvres bouffons que couronne la sauge!
Et mes litières s'effeuillent aux ornières, toutes
                            mes litières à grands pans.
De Nonchaloir, Madeline-aux-serpents[43].

Portrait de M. Moréas : un pirate des Cyclades qui serait un dandy.

Paul Adam . Allures de Nucingen jeune croqué par Gavarni. Un paletot jaune, un levrier jaune. Tel sur un pastel du peintre Alexis Boudrot[44], tel à la terrasse du café Napolitain. *Chair molle*, ses débuts, trahissait déjà un beau tempérament d'écrivain. *Soi*, son second roman[45], s'essore triomphalement jusques et par-delà les confins de l'impressionnisme[46] : phrase courbe, obsédante et enluminée; notations de caractères positives et hallucinées; évocations de décors urbains et suburbains de Rotterdam et de Venise; réalités exorbitées et rêves réduits.

Le personnage unique autour duquel les êtres ne sont que possibilités de sensa-tions se complique d'une psychologie intime et profondément étudiée; les transitions des actes et des pensées se déduisent par des associations de concepts d'une étrange mais exacte logique. Là paraît toute une existence de bourgeoisie élégante, instru-ite, mêlée d'esprit aux faits de politique et d'art de la fin du second empire, et de l'époque actuelle. Les raffinements d'un égoïsme délicat meuvent le personnage à travers une vie facile, opulente, luxueuse, artistique même. Ce paysage :

"A suivre sur la proue de la gondole balançante les irradiations d'un soleil rose, à se sentir filante entre les grands palais roses, Mme Polskoff goûtait de vénitiennes joies. Les longues nefs à crêtes d'acier glissaient silencieuses, recouvertes d'étoffes noires, toutes noires. Et la jeune femme, coulant l'œil, percevait l'auréole de son ombrelle écarlate, imaginait fort jolie sa chevelure teinte en rougé [*sic*] par la lumière tamisée.

La mer glauque charriait d'innombrables choses étincelantes, et les pilotis ar-moriés de bariolages héraldiques affichaient les seuils des seigneuriales demeures. Au loin, l'arche unique d'un pont serti d'inextricables feuillages en marbre, voûte si basse qu'on approchait avec la crainte délicieuse d'un heurt; mais la barque fluette volait par-dessous d'un élan et fendait l'atmosphère bruissante. Gémissaient au détour des canaux l'avertissement plaintif des bateliers : "Gia è" et une invisible voix de rameur répondante, solennelle : "Stali." A la rencontre, les deux gondoles se frôlaient avec un clapotis de leurs sillages."

Puis des analyses de très complexes sentiments.

["]Mais les mots canoniques présentaient un sérieux rébarbatif qu'elle désavouait secrètement : elle ne les prononçait que par devoir. Les litanies s'offraient plus charmeuses avec leurs comparaisons dithyrambiques : "Tour d'ivoire," "Vase d'élection," tout un bibelotage curieux qui l'intéressait. Très compréhensible et imaginable ce luxe de chapelle-boudoir. A la Reine divine seule Marthe osait s'ouvrir, certaine d'une bienveillance silencieuse. La pureté de la Vierge l'enthousiasmait, une pureté vague, indéfinissable, émise par les plis de ses voiles, par l'immense des yeux perdus en quelque douloureuse extase, par la blanche finesse des mains. Toute semblable à Marthe elle devait mieux comprendre ses aspirations, les excuser et les satisfaire. Le Christ, lui, se présentait martyr douloureux, toujours acquis à de trop puissants besoins, moins intime et tangible; et repoussant, malgré sa gloire sainte, par cela qu'il était homme, l'énigme défendue.

"A se découvrir très pure, elle aussi, à savoir ses fautes minimes, Marthe s'exaltait, désireuse d'infinies béatitudes inconnaissables mais suprêmes, mais éblouissantes de candeur, pour le plus tard, l'au-delà de la présente vie. La jeune fille n'imaginait pas la mort sans les rites funéraires de haute classe; et, de l'expiration dernière jusqu'à l'entrée dans les limbes, elle réservait un espace de quelques jours, ceux de l'enterrement et des cérémonies : une impossibilité de comprendre l'immédiate changement de nature.

. . . .

"Une de ses joies nouvelles, une joie de femme, c'était sortir seule, gaie, triomphante dans la souplesse de ses vêtements et de ses mantelets riches, d'entendre cliqueter autour d'elle le jais de ses robes et bruire le froufrou de la faille, de se voir dévisagée par les femmes envieuse[s], par les hommes admirants. Sur les boulevards, elle avançait, droite, ainsi qu'une duchesse. Si un doute lui survenait par hasard, une œillade rapide sur les larges glaces des vitrines lui montrait son profil droit, les lignes très pures de son dos, la lourdeur massive du chignon. Et, certaine d'être belle, elle marchait, son visage fixé vers le soleil blond[47]."

M. Paul Adam publia, en collaboration avec M. Jean Moréas, le fameux *Thé chez Miranda*, et *Les Demoiselles Goubert*. Il prépare pour cet hiver *Etre*, un roman évocateur du quinzième siècle et de la sorcellerie[48].

M. Jules Laforgue, pâle et glabre, imbibé des littératures et des philosophies, bondé de sentiments, glisse doucement dans la vie, et se témoigne par des livres de vers bréviaires qu'il alterne de nouvelles dédiées à la gloire des nubiles. Ce fut une grande surprise dans le pessimisme quotidien, d'entendre cette gaieté condimentée de tact et de métempsychoses; et l'illusion d'une familiarité décente avec des Salomés, des Ophélies, des Andromèdes[49], descendues de leurs piédestaux, mais de deux doigts relevant la traîne.

Très subtil ausculteur du moi et de l'autrui, regardeur infatigable et redoutable aux peintres dont il surprend les tortueux agissements sur le flagrant délit de leurs expositions, fugace amateur de la littérature ambiante, c'est le plus complexe des écrivains et des critiques.

Les volumes sont : les *Complaintes*[50] tout de mélancoliques sensations raccrochées à des rythmes alors absolument neufs, l'*Imitation de Notre-Dame la Lune*[51], un hymne à cette bonne lune, un enthousiasme de sectaire bien élevé.

En prose : les *Moralités légendaires* qui s'alignent actuellement. L'une d'elles est *Persée et Andromède*. En voici un morceau :

"Comme un petit animal blessé, Andromède galope d'un galop grêle d'échassier dans un pays d'étangs; plus affolée encore d'avoir à rejeter sans cesse ses longs cheveux roux que le vent lui plaque dans les yeux et la bouche. Où va-t-elle ainsi, ô puberté, puberté! par le vent et les dunes, avec des abois de blessée?

"Ses pieds nus dans ses espadrilles de lichen, un collier de coraux bruts enfilés d'une fibre d'algue au cou, nue et inflexible, elle a poussé ainsi, dans les galops, les rafales, les soleils, les baignades, la belle étoile ...

"Oh, ces bonds! ces bonds! Tout armature et tout ressort et toute hâlée, cette puberté sauvageonne, avec ses jambes étrangement longues et fines, ses hanches droites et fières s'amincissant en taille juste au-dessous des seins, une poitrine enfantine, deux soupçons de seins, si insuffisants que la respiration au galop les soulève à peine (et quand et comment auraient-ils pu se former, toujours à aller ainsi contre le vent, le vent salé du large, et contre les douches furieusement glacées des vagues?) et ce long cou, et cette petite tête de bébé, toute hagarde dans sa toison rousse, avec ses yeux tantôt perçants comme ceux des oiseaux de mer, tantôt ternes comme les eaux. Bref une jeune fille accomplie. Oh! ces bonds, ces bonds! et ces abois de petite blessée qui a la vie dure! Elle a poussé ainsi, vous dis-je, nue et inflexible et hâlée, avec sa toison rousse, dans les galops, les rafales, les soleils, les baignades, la belle étoile[52]."

De plus (cet écrivain est si complexe) une collaboration suivie à la *Gazette des Beaux-Arts*; d'innombrables préparations de critique d'art[53], des visions de terres demi-lointaines. D'une délicate bonté pour les progénitures, il élabore des rondes et romances pour les petits enfants du XXe siècle[54].

(*A suivre*)   B. DE MONCOMPS[55] [*sic*].

[II]

Avec des gestes retenus et collés de diplomate adroit, Félix Fénéon se hâte par les boulevards. De sa haute taille, la face yankee, froide et linéaire et anguleuse un peu, domine. Les poches de ses habits mondains recèlent des articles, des biographies, des épreuves en placard, une correspondance exotique des plus étendues, des journaux de toutes langues. Il maintint longtemps en une gloire unique de périodique novateur *la Revue indépendante* où se forma le mouvement actuel. A nouveau rédacteur en chef de cette revue, il la mènera, cet an, aux cimes littéraires[56].

Depuis quelque temps, M. Félix Fénéon s'est plus spécialement consacré à la critique d'art. D'une complète érudition sur les lois d'optique, la ténacité des pigments, et la théorie des complémentaires, il institue avec chiffres et équations les règles immuables des mélanges, des valeurs, des juxtapositions, et note inexorablement les délits. Le premier il a découvert la critique scientifique de la peinture. Son volume : *Les Impressionnistes* en 1886[57], restera la seule technique compréhensive et démonstrative de l'école artistique dernière venue.

Hors le banal, vers le terme précis et qui fixe, et qui peint, et qui arrête, le style serré de M. Fénéon ne cesse point, l'espace d'une proposition, de s'évertuer. En ses descriptions de tableaux il excelle.

Sur *Federico Zandomenechi*[*sic*] : "... C'est, vue de dos et en une projection presque verticale, une femme assise sur de blancs tapis d'ours, devant du coke, nue, genoux levés et bras y glissant : à gauche, un compliqué et rythmique tracé où se conjuguent étroitement à celles de la jambe et du pied les sinuosités de l'aisselle, du sein et de la hanche; à droite, une ligne, seule, rapide et pure, raccordant la croupe à l'épaule pour se perdre dans une chevelure dont le fauve s'associe au vert aigu de la babouche.["]

Sur *Claude Monet* : "Ces mers, vues d'un regard qui y tombe perpendiculairement, couvrent tout le rectangle du cadre; mais le ciel, pour invisible, se devine : tout son changeant émoi se trahit aux inquiets jeux de lumières sur l'eau. Nous sommes un peu loin de la vague de Backysen[58], perfectionnée par Courbet, de la volute de tôle verte se crêtant de mousse blanche dans le banal drame des tourmentes. Etretat surtout requiert ce mariniste; il se complaît à ces blocs surgissants, à ces masses ténébrées, à ces abrupts remparts d'où s'élancent, comme des trompes, des arcs-boutants de granite ..."[59]

M. Félix Fénéon est un des plus jeunes symbolistes, quelque vingt-quatre ans, je crois.

Gustave Kahn, sardonique et bien de son Asie originelle, yeux à l'oblique fuite vers les tempes, étroite barbe verticale. Il vit Mallarmé[60], et partit pour le confin saharien : soldat. Cinq ans[61], il put, solitaire et dans le soleil, imaginer des rêves, des musiques, des vies. Et, revenu à Paris[62], son masque de roi Hun, l'autonomie de son âme, l'allure alternativement indolente et brusque de son pas et de son style surprirent.

Perpétuellement mobiles, ses vers s'enregistrent sur un papier épispastique, en notations aiguës, des sensations adventices et discontinues, suivent exactement le rythme de la pensée. De l'unité des métaphores, qui implique une croyance à la persistance d'un même état, — nul souci; elles fluent les unes vers les autres en métamorphoses continuelles.

Fréquemment, le substantif, trop lourd, est remplacé par l'adjectif correspondant, d'allure comme transitoire.

> Vos cheveux sont passés dans les ors aux montagnes.
> Et vous dont je me suis exilé, mes chers bagnes,
> Dans mon esprit, vos parcs, revenez nonchalante[63]

La rime, dyspeptique et hâillonneuse aux gages des classiques, puis gorgée et faraude aux temps parnassiens, MM. Moréas, Kahn et Laforgue l'émancipent : elle s'absente, d'autres fois s'éternise, encore elle délègue au cours du vers des assonances; elle ne se typographie plus pour l'œil, n'est plus le prévu coup de gong; mais, musique pour des tympans délicats.

A l'inverse de M. Moréas, qui couture sa phrase de mots taillés qui dardent des lueurs, M. Kahn n'emploie que des mots d'usage fréquent. Et le lecteur harassé du vocabulaire du *Thé chez Miranda*, se désespère quand il constate que si lui sont familiers les mots de Kahn, le sens n'est pas moins hermétiquement clos à son intelligence qui allait croire.

La fébrile activité de M. Gustave Kahn s'embranche dans toutes les directions. On lui est reconnaissant d'une esthétique du verre polychrome[63a]; il échafaude des projets sociologiques, émet sans solution de continuité des théories sur les colonies, les femmes et l'espace à quatre dimensions; il conquit à Dux, en Bohême, les papiers inédits de son maître Jacques Casanova de Seingalt[64]; il est le tacticien du symbolisme, dirige la lutte contre les mauvais vouloirs de la presse[65], distribue des rôles à ses collaborateurs, prévoit les événements littéraires, fonde des périodiques, en dirige un, la *Vogue*, de littérature et d'érudition. Il publia la *Chanson de la brève Démence, Intermêdes, Voix au Parc, Mélopées, Thème et variations* qui se réuniront sous ce titre : *Palais nomades*. Des extraits[66] :

LIED DU ROUET.

File à ton rouet, file à ton rouet[,] file et pleure
Ou dors au moutier de tes indifférences
Ou marche somnambule aux nuits des récurrences;
Seule à ton rouet, seule file, et pleure.

Sur la route, les cavaliers fringants
Poussent les chevaux envolés dans le vent,
Souriants et chanteurs s'en vont vers les levants
Sur la route ensoleillée les cavaliers fringants.

File à ton rouet, file et pleure
Seule à ton rouet, file, crains et pleure,[.]
Et celui dont la tendresse épanouie
Souffre aux nerfs, aux soucis, à l'ouïe,
Celui-là s'en ira pour consoler ses doutes
Aux refuges semés le long des âpres routes;
Suspends aux greniers les chanvres rouis.

File à ton rouet, les chansons sont légères[,]
Les images redisent les gloires des marins,
Les chansons s'évident aux heures plus légères
Proches du retour sonore des marins.

Et voici, las des autans et des automnes
Au ciel noir des flots qui tonnent,
Le voici passer qui vient du fond des âges,
Noir et brun, et si triste : et les lents marécages
De ses yeux où demeurent stagnantes les douleurs
S'arrêteront épars sur tes yeux de douleurs.

Seule à ton rouet, file et pleure
Tes candeurs nubiles s'en iraient au gouffre
Au gouffre lamé de passé qui souffre

Depuis les temps, les temps, les leurres et les leurres,[.]
File à ton rouet, seule, file et pleure.

(*A suivre*) B. DE MONCONYS.

[III]

M. Maurice Barrès dès longtemps symboliste[67] — ne fait pas de vers, — tente une conciliation entre le journalisme et la littérature dans le *Voltaire*[68]. Une esthétique d'une fantaisie très personnelle dans les pays délicats. Très amusant hors l'écriture, il n'a pas encore donné en volume la sensation d'une analogue gaîté[69]. On trouve des nouvelles et d'intéressantes variations dans ses *Taches d'Encre*, tentative d'individualisme[70]... M. Maurice Barrès encore au futur, comme tous ceux que capte le journalisme, sortira bientôt avec un roman qui donnera sa note exacte[71].

M. Francis Poictevin est un écrivain de transition; dans son œuvre, beaucoup d'impressionisme[*sic*] un peu de symbolisme et même du naturalisme s'amalgament.

Le dos se courbe vers les épaules larges, vers la tête attentive et réfléchie cadrée d'une fine courte barbe noire. Le geste cyclique de ses bras longs évolue au rythme des phrases prononcées : citations nombreuses, évocations subtiles et toujours étonnamment justes de sensations rapides. De mémoire, M. Francis Poictevin relit à chaque minute les auteurs contemporains et ceux d'autrefois. Cette constante étude sans doute lui valut le vocabulaire très-précieux dont scintillent ses œuvres concises, toutes de notations sensitives, d'aspects, de paysages, toutes de mouvements d'ombre et de lumière travestissant le monde des êtres, le monde de l'âme, le monde des choses.

Bien avant que l'on parlât décadence, *Ludine* avait ému la presse et les lettres. Des passages émerveillèrent.

Puis ce fut *Songes*, une délicate étude des impressions parallèles ressenties par deux enfants, qui, plus tard, s'unissent, et, ensemble, retrouvent de nouvelles joies raffinées du tact, de la vue, de l'ouïe. *Petitau* suivit. *Seuls* vient de paraître[72].

Certes les œuvres de M. Poictevin ne raviront pas les esprits grossiers qui cherchent dans un livre "une histoire", qui veulent que toute étude soit absente de la lecture, et que cela soit clair à leur imagination comme un roman feuilleton. M. Poictevin ne peint que des attitudes, des attitudes d'âme, de corps, comme des attitudes de fleuve, de ciel, de forêt, de montagne, et cela sous le vêtement instantané de la lumière passante.

Cette jolie croquade de femme :

"Singulièrement assise, elle l'était, pour quiconque eût observé sa manière à la fois furtive et simple. Oui, elle semblait assise, en un arrêt indéterminé. On ne savait pas bien, en regardant cette forme juvénile, quelle elle était. Quelque chose de décidé, et pourtant un air peu occupé d'elle. Elle ne paraissait trop attachée à rien, pas plus que sa personne paraissait adhérer au canapé où elle se tenait fluette, droite, en une expectative[73]."

Ailleurs, cette sensation musicale :

"Dehors, ils se disaient que cette musique de Schumann, pareille un peu à la flüheblume des Alpes, était d'un jaune imperceptible viride qu'on croirait près de se casser, et se recueillant dans une blancheur[74]."

M. Charles Viguier[sic], une tête dans le goût de Clouet[75], un esprit ubiquiste apte aux travaux du journalisme quotidien (sa collaboration au *Temps*[76]), aux spéculations scientifiques (ses *Eléments de psycho-physique*, chez Fetscherin et Chuitt[77]), à la critique (ses articles de revues), à la poésie (*Centon*[78]), au roman (*Humains*, encore inédit[79]). Parmi les écrivains que nous biographions, l'un des plus intuitifs et des plus souples, et peut-être le plus analyste.

Extrayons quelques lignes de ses notes d'esthétique sur *la Suggestion en Art* :

"Avides de sensations hautaines, ces artistes ont déclaré l'extrait préférable à la substance et l'idée pure plus séduisante que ses manifestations. Dès lors, il leur fallait, puisque poètes, un langage autrement efficace que le discours usuel pour cerner l'idée pure avec la plus voisine approximation; quelque chose qui, transporté en littérature, c'est-à-dire qui, avec la plus grande somme d'art possible, rappelât en quelque sorte les formules abstraites dans lesquelles les mathématiciens enserrent leurs lois.
    Les métaphores tout naturellement se trouvèrent affinées, puis élargies. En effet, la contemplation unique de l'idée pure exige pour celle-ci une autre traduction que de simples rappels à la réalité. Une chevelure cesse alors d'être immémorialement blonde comme les blés, et les yeux évoquent de plus précieuses images que les gemmes. Au lieu de se borner à chercher des qualités objectives, on acquit une inépuisable mine à la suggestion *en qualifiant* par des épithètes subjectives[80]."

Charles Viguier [*sic*] parle de ses poèmes, — qui sont légère musique et parfum, — avec dédain, pendant deux ans même il oublia *Centon* dans un tiroir où Léon Vanier l'a récemment découvert; mais la psycho-physique! et volontiers il se laisse surprendre parmi le labyrinthe d'un problème de haute algèbre.

(*A suivre*)   B. DE MONCOMPS[*sic*].

[IV]

Edouard Dujardin. — A sur sa cheminée un petit buste de Wagner en stuc. Lui met au cou des cravates bigarrées et sur la tête des chapeaux en papier. En outre, chaque mois, consacre au fétiche une revue, qui est la *Wagnérienne*[81].

Toutes les magies et divers vésanismes[82] se donnent rendez-vous en ses poignantes *Hantises*[83], sous la surveillance d'une syntaxe logique instaurée en société avec M. de Wyzewa. —

"J'ai vu le fier sommet rocheux, — la forêt de sapins, — les pointes aiguës, — et la garde des précipices où gît le monde, — les grands cortèges, solennels, des nuages, — la désolatrice vastitude des Walküréens refuges : — et, sous la lance du Terrible, la flamme crépitante jaillissait, courait, nageait, volait, le feu, aux tintinnabulants éclats, aux dansantes furies, universel... Oh! Brünnhilde, ma forte, dors couchée en les ruissellements du rouge sonore, dors en la très haute paix des divins embrasements, sommeille, calme, sommeille, bonne : Brünnhilde, espère à Lui : Héros viendra, le réveilleur, Noble viendra, vainqueur des Dieux, superbe et roi...sur le roc transfulguré, ô Brünnhilde, en l'indubitable attente[,] sommeille, dors, bien-aimée, parmi la jubilante flamme : je te sens, et je te pense, et, dans les majestueux gais épanouissements du feu, avec toi je rêve aux Crépuscules futurs, ô dormeuse des divinités passées..."[84]

Edouard Dujardin a enrichi la démonologie d'un diable, Helkésipode, qui, au coucher, lutine les fillettes et les membres de l'Institut, et la littérature amoureuse d'un incandescent hymne *A la Gloire d'Antonia*[85]. Cuirassé de gilets de soie, de peluche, de velours, il dirige excellemment la nouvelle *Revue Indépendante*[86] et prépare un roman qui devait s'intituler d'abord *Monsieur Daniel Prince*, mais dont le titre définitif est : *Les Lauriers sont coupés*[87].

(*A suivre.*)   B. DE MONTCONYS.

[V]

Teodor de Wyzewa, un maigre et compréhensif Slave, l'écrivain de revue par excellence, l'homme selon le futur directeur du grand journal, qu'il pourrait d'un bout à l'autre écrire et informer.

Il assuma le poids de la critique wagnérienne, présenta en liberté le baron de Wolzogen[88], le motif organe des Maîtres-chanteurs, découvrit Xavier Perreau[89], musicien réel, traduisit Gontcharow[90], intronisa un véritable Tolstoï[91], un Quincey absolu[92], le tout en attendant l'heure propice à l'œuvre personnelle. A rapporté d'une périlleuse exploration à travers Mallarmé quelques contre-sens précieux[93]. En somme, critique sceptique et traducteur seïde[*sic*]; — quelques menues taches... une admiration controuvée pour Villiers de l'Isle-Adam[94] :

"... Quand donc naîtra cette littérature artistique, produisant la vie totale d'une âme?...

"Les sagaces expectations, en vérité! Elle naîtra, cette belle littérature, dans la bienheureuse semaine — oh si proche! — où tous les jours seront des jeudis : dans la semaine où les âmes différentes, seules capables de créer un tel art et de le recevoir, où elles seront excitées à l'affinement ininterrompu, joyeux, de leur différence; dans la semaine, — la délicieuse semaine bien-aimée — où l'Etat fera aux artistes un petit public très subtil; dans la semaine où le littérateur pourra donner son œuvre à quelques âmes spécialement préparées pour la récréer; dans la semaine — demain, demain matin! — où un sage tyran comprendra que seule la joie des artistes a quelque raison d'être; où il écartera des artistes les vaines ombres meurtrières de l'humanité démocratique; où il les entretiendra dans la santé de leurs estomacs, l'élégance de leurs vêtements et la liberté sereine de leurs âmes!"[95]

Jean Ajalbert. — Sous sa figure grasse et triste, cet impressionniste du vers songe aux petites filles endimanchées, aux canotages, aux amours des banlieues. Et cela se rythme en vers larges et chromatiques, dans ses livres, *Sur le vif*[96], *Paysages de Femmes*, où les toiles des impressionnistes reparaissent compliquées de musiciennes sonorités. Aux amitiés des peintres, ses frères en luminisme, il se consacre, rapportant des hémistiches de leurs croquis, des sonnets de leurs tableaux. La vie de Paris explorant les campagnes lépreuses des environs, les plages blanches et bleues, les fêtes foraines, il la sait et il la narre. Et des apitoiements s'expriment en son œuvre pour les pauvres amours des fillettes, leurs grossesses navrantes[97], pour les nudités des routes[98] et la solitude des fils télégraphiques[99].

Ceci :

Je n'ai, pour bercer mon exil,
Dans cette campagne où l'on broute,
Que la chanson vibrant au fil
Du télégraphe sur la route. [...]
Par endroits où[,] sur des réseaux
De cinq fils de fer parallèles,
Viennent s'agriffer des oiseaux,
Comme des doubles-croches grêles,

....
.... [100]

Camille de Sainte-Croix. — Sa robustesse taille sous les vestons étroits et les pantalons justes[101]. Les cheveux bouclés se pressent sur une tête large, aux yeux finement et perspicacement clignés, railleurs. Son nez bourbonien hume les parfums qui vaguent.

Plutôt par sympathie littéraire, que par absolue concordance de théories, il se rallia au mouvement symboliste.

Son livre *La Mauvaise Aventure*[102], est écrit en un style sobre, élliptique et suggestif qui laisse construire un infini de suppositions derrière le mot.

De par le monde parisien, c'est l'histoire d'un ambitieux tenace, qui, parmi de multiples avateurs, sacrifiant toutes les maîtresses à son but, erre, tantôt tombé au bas degré des infimes, tantôt triomphant directeur de journa[l,] membre de l'opposition, homme politique célèbre. Des physionomies de femmes effacées et adorantes, futiles, énigmatiques, décorent le fond de cette existence fluctuante où s'exténue une abrupte et sauvage volonté.

B. DE MONCONYS.

[VI]

Paul Margueritte porte cheveux en brosse moustache légère et barbe taillée. Il se vêt d'étoffes sombres. Sans autre luxe qu'une bague de prix et un somptueux gilet de velours. Vingt-six ans, grave, père de famille, vivant au foyer. Il est l'auteur de *Pierrot assassin de sa femme*, singulière et sinistre pantomime qu'il joua lui-même avec grand effet[103]; de *Tous Quatre*, un roman d'étude sur la vie des écoles-militaires, des gens de lettres, qui le plaça, dès l'apparition, au premier rang des jeunes romanciers[104]; la *Confession posthume* où s'exprime une hautaine ironie devant les spectacles humains, avec, parfois, des élans de pitié, des attendrissements sur la vraie douleur, vue d'abord grotesque[105].

M. Charles Henry, maigre, long, aigu de barbe, anguleux des coudes, surchargé de bibliothèques[106], très velasquez, détermine des dynamogéniques[107] et des inhibitoires. Auparavant il s'était essayé en quelques genres. Encore jouvenceau il restitua in-quarto les manuscrits de Pierre de Fermat[108], d'Huet[109][,] la correspondance d'Huyghens et Roberval[110], etc., publia Cochin[111], Condorcet, Turgot[112]. Il a restauré Pierre de Carcavy[113], réinventé Balthazar de Monconys[114], Caylus[115], déployé dans un pieux zèle vers Mlle de Lespinasse des sagacités d'Apache[116]. Des loisirs à la campagne nous valurent la restauration des antiques procédés picturaux[117], d'autres repos occasionnèrent des chansons populaires slaves[118] et des idées sur le Vinci[119]. La liste de ses travaux antérieurs[120] mesure en hauteur $0^m,45$. Las de ces intermèdes il entama des principes d'esthétique mathémathique et expérimentale, qui fondés sur une simple démonstration se babélisèrent, et, rapides, tentaculèrent la pathologie, la sociologie, l'art des couleurs[121], l'architecture, l'art décoratif, les mathématiques et tant d'autres sciences nécessiteuses d'un réformateur. Il se raccorde à la littérature par une vision (tome 1, de la *Vogue*)[122], des préfaces d'un style entrelacique. Il est le seul critique scientifique actuel[123] et des nôtres par ses visées.

Chez Tresse et Stock, l'éditeur de la galerie du Théâtre-Français, se rencontrent ces écrivains, dans le magasin clair aux murs de livres, où des actrices marchandent. Puis des causeries s'échangent sur les événements littéraires, les théories possibles; et de tranchantes, impitoyables critiques sur les bateleurs de lettres, et les simulants le [*sic*] génie. Ils ont la haine du boulevard et des propos vides, inconsistants, ignares surtout, qui réunissent les journalistes devant les tables de café. A ces discussions, à ces appréciations, M. Stock préside en son cabinet devenu cénacle. Ce pâle et grand jeune homme à la mine réfléchie, groupe les écrivains, les conseille et réclame ses épreuves en retard.

D'autres fois, chez le bibliopole Léon Vanier, au quai Saint-Michel, de vastes logomachies se clament autour du grillage où écrivent les caissiers. Là s'étalent les caricatures des personnalités symbolistes[124], les livres de vers; et le bibliopole, le sourire narquois, va de l'un à l'autre, renseigne sur les articles parus et qui attaquent. Triomphalement il les colle aux panneaux, comme monuments de la future histoire littéraire.

Ces deux éditeurs ont une foi infrangible au succès de cette littérature symbolique que par d'opiniâtres travaux et des existences ascétiques, ces jeunes hommes mèneront sans doute aux gloires définitives.

B. DE MONCONYS.

NOTES

20 novembre 1886 [*La Vie moderne*, p. 741]

[1] *enrichir la langue de mots instaurés* : Sous le pseudonyme de Jacques Plowert, Paul Adam publiera en 1888 chez Vanier un *Petit Glossaire pour servir à l'intelligence des auteurs décadents et symbolistes*. Mlle D. Ruttan prépare une édition critique de cet ouvrage pour le MA de l'Université d'Exeter.

[2] *et de rythmes* : Verlaine, qui adresse une lettre de félicitations le 12 juin 1886 à Moréas pour *Les Cantilènes*, les appelle "un bien intéressant essai. Je dis essai, ajoute-t-il, à cause des rythmes si hardiment tentés et menés à bien. Donc, bravo, bravo!" (Lettre citée par R. Jouanny, p. 242).

[3] *Floupette* : voir N. Richard, *A l'aube du symbolisme*, IIIe partie, Une mystification décadente, p. 173–315, et son édition annotée des *Déliquescences*, Nizet, 1984. (Le vers 8 du dernier poème "Décadents" — *Charlots trop amusés, ultimes Décadents* — n'est pas expliqué. L'allusion renvoie au roman de Paul Bonnetain sur l'onanisme, *Charlot s'amuse*, 1883).

[4] Moréas, "Les Décadents", *Le XIXe Siècle* du 11 août 1886, Texte repris dans Moréas, *Les premières Armes du Symbolisme*, Vanier, 1889. Consulter notre édition critique, "Textes littéraires VIII", Université d'Exeter, 1973, p. 23–28 (Sigle : PAS).

[5] La *Revue indépendante* fondée en 1884 par G. Chevrier et F. Fénéon (comme rédacteur en chef); deuxième série à partir du 1er novembre 1886, sous la direction d'Edouard Dujardin, toujours avec Fénéon (ce dernier pour les deux premiers numéros seulement). Voir également *infra* n. 86.

[6] L'article de Fénéon sur Poictevin parut en novembre 1884 (*Œuvres plus que complètes*, Textes réunis et présentés par Joan Halperin, Droz, 1970 [sigle : F], p. 553–557).

[7] L'"Introduction à une Esthéthique scientifique" de Charles Henry fut publiée dans le numéro du mois d'août de la *Revue contemporaine* (p. 441–468). (Sur Henry, voir A. Mercier, "Charles Henry et l'esthétique symboliste", *Revue des Sciences humaines*, 1970).

[8] "La Suggestion en art" de Charles Vignier fut publiée dans la même revue en décembre 1885 (p. 464–476). Nous reproduisons ce texte important en appendice.

[9] *Le Décadent* fut fondé par Anatole Baju le 10 avril 1886. Le tirage de la deuxième série (petit format), n° 1, décembre 1887, atteindra jusqu'à 6.000 exemplaires.

[10] Les extraits du *Thé chez Miranda* parurent dans *La Vogue* le 18 avril et le 2 mai 1886.

[11] Le critique de la *Revue bleue* : voir texte de Desjardins, *supra* p. IX–X.

[12] Ce sonnet de R. Ghil parut dans *La Vogue* du 18 avril 1886.

[13] *Soi* de Paul Adam publié par Tresse et Stock en mai 1886.

[14] *Les Cantilènes* de Moréas (chez Vanier, avril 1886).

[15] L'apparition en volume du *Thé chez Miranda* : Un écho du *Décadent* du 7 août confirme ceci : "Des feuilles intelligentes quoique — ou parce que — quotidiennes donnent des extraits du *Thé chez Miranda* de J. Moréas et Paul Adam ...". Dans le numéro suivant Paterne Berrichon en fit le compte rendu.

[16] Philippe Gille (1831–1901) recueillit cet article du *Figaro* dans *La Bataille littéraire (1885–1886)*, 1890, p. 123–125 :
"Les éditeurs Tresse et Stock viennent de mettre en vente un volume dû à la collaboration de MM. Jean Moréas et Paul Adam, deux jeunes écrivains que des ouvrages ont déjà fait connaître.
Le *Thé chez Miranda* est un recueil de nouvelles tragiques et galantes, toutes variées : scènes de la haute vie parisienne, perversions sensuelles, aventures baroques d'un juif cul-de-jatte, et bien d'autres; mais je dois à ceux qui veulent bien croire à ma sincérité d'autres explications. Oui, MM. Jean Moréas et Paul Adam sont des écrivains, et je crois leur signaler le grand inconvénient qu'il y a à écrire comme ils le font en ce temps de révolution universitaire qui nous mène tout droit au volapück. Je n'en veux pour preuve que la préface de leur livre, que je reproduis presque entièrement; les lecteurs jugeront :

C'est l'hiémale nuit et ses buées et leurs doux comas.
Quartier Malesherbes.
Boudoir oblong.
En la profondeur violâtre du tapis, des cycloïdes bigarrures.
En les froncis des tentures, l'inflexion des voix s'apitoie; en les froncis des tentures lourdes, sombres à plumetis.
C'est l'hiémale nuit et ses buées et leurs doux comas.
Dehors, la blancheur pacifiante des neiges.
Au foyer, la flamme s'allonge, s'allonge et se recroqueville, s'aplatit et se renfle, — facétieuse.
Et des émanations défaillent par le boudoir oblong, des émanations comme d'une

guimpe attiédie [...] au contact du derme.
Le jour froid des lampes filtre et se réfracte.   Le jour des lampes se réfracte en
la profondeur violâtre du tapis aux cycloïdes bigarrures; il se réfracte contre les
tentures sombres, à plumetis.
...Miranda, toute droite, à l'aise en une sorte de canezou d'escot aux passements
de jais et de soie écarlate, verse du thé de ses mains [bien] fardées.

Je me garderai bien de faire des variantes sur ce texte, qui, sous couleur de vérité,
est bien autrement entaché de préciosité et de maniéré que MM. Jean Moréas et
Paul Adam diraient peut-être "qu'ils ne le feront plus", qu'ils le feront encore et
qu'on les lira quand même. C'est égal, Boileau, Montesquieu, Pascal et Voltaire
auraient de fiers étonnements, s'ils revenaient, ce dont ils se gardent prudemment."

[17]   "Prédire triomphe" c'est beaucoup dire.   Gille, d'après l'échotier ("Histoire
littéraire au jour le jour" de *La grande Revue* de septembre 1888, fit une "très jolie
satire en prose" sur les Décadents. Elle ne figure pas dans la quatrième série de *La
Bataille littéraire (1887–1888)*, 1891, où, pour la première fois il se sentait obligé de
consacrer quelques pages aux "Décadents, Symbolistes, Evolutifs, Instrumentistes",
en donnant de plus amples citations dans son livre qu'il n'était possible de le faire
dans un journal. Sa préface sur "La Crise littéraire" fait preuve d'ailleurs de largeur
d'esprit envers les jeunes. A la page 179 il s'explique :

"Beaucoup de nos confrères de la presse se sont [...] fort égayés des essais de
rénovation de la langue française, prose ou poésie, faits par quelques écrivains de
la génération présente. Le rire est une bonne chose; encore faut-il, pour que le
lecteur puisse partager notre gaieté ou la blâmer, le mettre au courant de ce dont
il s'agit. A chacun ses opinions et ses préférences; mais il ne faut pas forcer la
galerie à préjuger. C'est pour cette raison que j'ai voulu consacrer un chapitre à ces
novateurs qui, ayant ou non réussi, méritent leur place au soleil littéraire".

[18]   *La Vie moderne* (Anonyme [Pierre Dolffus], 14.8.1886), voir Jouanny, p. 330.

[19]   "Le Symbolisme", *Le Figaro* du 18 septembre 1886 (PAS, p. 29–37).

[20]   Paul de Kock (1794–1871). C'est précisément en 1886 qu'un comité fut formé
dans le but d'élever une statue à sa mémoire (voir *L'Univers illustré*, 2 octobre,
p. 626).

[21]   Cet article de Sarcey contre le *Traité du Verbe* se trouve dans *La France* du 1er
septembre 1886; un extrait est cité par René Ghil dans *Les Dates et les Œuvres*,
1923, p. 63–64.

[22]   Jean Lorrain (1855–1906) et Rachilde (1860–1953) débutèrent ensemble dans *Le Décadent*, le 7 août 1886. Consultez sur ces deux auteurs le *Jean Lorrain* de P. Kyria, Seghers, 1973; et *Hommage à Rachilde, organoGraphes du Cymbalum pataphysicum*, nᵒˢ 19–20 (4 avril 1983).

[23]   *Le Symboliste*, 7–30 octobre 1886.

[24]   Moréas, citations du "Manifeste". Voir PAS, p. 30, l. 28 – p. 31, l. 5; p. 31, l. 28 – p. 32, l. 9; p. 36, l. 13 – p. 37, l. 13.

[25]   L'article de Gustave Kahn, inséré "en toute impartialité "dans *L'Evénément* du 28 septembre 1886 mérite d'être reproduit en entier :

REPONSE DES SYMBOLISTES

Un article de M. Jean Moréas, paru récemment au *Figaro*, suscite une traînée de paroles indifférentes et d'oiseux propos sur les écrivains disqualifiés par le sobriquet de décadents. Bien que toute étiquette soit vain, nous nous devons, pour l'information exacte des attentifs, de rappeler que *décadent* se prononce *symboliste*. Disons aussi que d'aucuns sans aucune attache avec nous, sans quoi que ce soit au plus large compréhensif qui ressemble à nos tentatives, ramassent ce mot de décadent, tapent du gong, tentant une subreptrice faufilade, pour ce merveilleusement aidés par la petite tactique ci dévoilée :
Le silence fait autour de la *Vogue* fut crevé par la discussion des décors du *Thé chez Miranda* et d'agressifs mais documentaires notes parues à l'*Evénement*, sous la rubrique *Notes parisiennes* [Deschaumes, Chronique de Paris, "Symbolistes et Cymbalistes", 22 septembre, p. 1].
L'article de M. Jean Moréas posa nettement l'ensemble des volitions de l'école. Néanmoins au *Temps*, au *Gaulois*, à la *Justice*, etc., on feignit d'ignorer les romans et les poèmes publiés, puis l'on s'occupa de très jeunes écrivains, non encore développés, que malicieusement on mosaïqua autour du nom de Paul Verlaine.
On reprit un vers de Rimbaud, malencontreusement accommodé ces jours récents, et très ignorants des faits scientifiques prouvés qui légitimaient isolément chez le poète des *Illuminations* cette vision spéciale, on rit immodérément. On recueillit tout ce qui dans les folliculets était peu clair ou superflu, aggravation du silence. Ce qui nous force à nous compter.
Les poètes : MM. Verlaine et Mallarmé, Jean Moréas, Jules Laforgue, Gustave Kahn, Charles Vignier, dont les livres sont : *Romances sans paroles, Sagesse, Jadis et naguère*, l'*Après-midi d'un faune*, les *Syrtes*, les *Cantilènes*, les *Complaintes*, l'*Imitation de Notre-Dame de Lune*, les *Palais nomades*, le *Centon*.
M. Paul Adam, exclusivement prosateur, a donné *Soi* et le *Thé chez Miranda*.
Félix Fénéon a instauré une noble critique d'art en ses travaux sur les impression-

nistes.

Pour Maurice Barrès, aux articles connus vont s'ajouter des livres. La lutte se continuera cet hiver sur les *Demoiselles Gaubert*, les *Moralités légendaires*, *Etre* [P. Adam], la *Reine de Saba* [G. Kahn], etc.

La caractéristique générale de ces livres, ce qui unifie la tendance, c'est la négation de l'ancienne et monocorde technique du vers, le désir de diviser le rythme, de donner dans la graphique d'une strophe le schéma d'une sensation. Avec l'évolution des esprits, les sensations se compliquent; il leur faut des termes mieux appropriés, non usés par un emploi identique de vingt ans. De plus, l'élargissement normal d'une langue par les néologismes inévitables et une instauration de l'ancien vocabulaire nécessité par un retour des imaginations vers l'épique et le merveilleux.

Le point principal où nous nous séparons de toute tentative similaire, c'est que nous posons en principe fondamental la flexion perpétuelle du vers ou mieux de la strophe déclarée seule unité.

La prose banale est l'outil de conversation. Nous revendiquons pour le roman le droit de rythmer la phrase, d'en accenter la déclamation; la tendance est vers un poème en prose très mobile et rythmé différemment suivant les allures, les oscillations, les contournements et les simplicités de l'Idée.

Dans son article, M. Deschaumes semble croire que nous empruntons nos procédés de Ronsard. Cette opinion est erronnée. Ronsard, le premier, entrava le vers par une uniformité d'ordonnance.

La tentative actuelle consiste à l'amplifier et le libérer au delà des procédés mêmes des gothiques.

Pour la matière des œuvres, las du quotidien, du coudoyé et de l'obligatoire contemporain, nous voulons pouvoir placer en quelque époque où [*sic*] même en plein rêve (*le rêve étant indistinct de la vie*) le développement du symbole. Nous voulons substituer à la lutte des individualités la lutte des sensations et des idées et pour milieu d'action, au lieu du ressassé décor de carrefours et des rues, totalité ou partie d'un cerveau. [suit le paragraphe cité par "Octave Malivet", *supra*, p. 6–7]

Donc, pousser l'analyse du *moi* à l'extrême, faire concorder la multiplicité et l'entrelacement des rythmes avec la mesure de l'Idée, constituer la féerie littéraire en annulant la mode d'un modernisme forcé et spirituel, composer un vocabulaire personnel sur toutes les gammes de l'œuvre et chercher à sortir de la banalité des mondes reçus."

(Notons que de larges extraits de cette réponse furent cités par Adam dans son article "Le Symbolisme" (La *Vogue* du 4 au 11 octobre 1886, p. 397–401).

---

[26] P. Adam, "La Presse et le Symbolisme", *Le Symboliste*, 7–14 octobre 1886 (article incorporé dans notre édition critique des *Premières Armes du Symbolisme*, p. 60, l. 11 – p. 61, l. 2; p. 61, ll. 20 – 33; p. 62, l. 36 – p. 64, l. 29).

[27] Le café Voltaire était situé à la place de l'Odéon : voir "Café de lettres" de Verlaine (*Lutèce*, 20–27 juillet 1884). Parmi les parnassiens dont les noms sont à peine déguisés on reconnait Léon Valade, Albert Mérat, Anatole France, les frères Cros, les Dr Cazalis et Gineste, etc. Blémont et ses amis, parmi d'autres, étaient également des habitués. Le groupe des symbolistes, *La Courte Echelle*, se réunissait le lundi soir au café Voltaire.

[28] *Réunions chez Adam rue Daubigny, près le parc Monceau et chez Moréas au pied de la montagne Sainte-Geneviève.* Cette époque peut être précisée grâce aux recherches de M. Jouanny (*loc. cit.*, p. 221) : "Du 53 boulevard St.-Marcel, où [Moréas] demeurait au début de 1884, il est venu dans le quartier des Ecoles, rue Cardinal-Lemoine, selon Rachilde; à la fin de 1886, il habite 5 cité du Cardinal-Lemoine [...], et en 1887, sur les pentes de Montmartre". D'autre part nous savons que Adam s'est installé avec sa mère au 16, rue d'Aubigny, plaine Monceau, en octobre 1885 (J. A. Duncan, *La Correspondance de Paul Adam*, 1982, p. 20). Une saisie les obligea à partir. Gustave Kahn raconte comment Adam sauva deux tableaux :

"Ils avaient longtemps pu tenir dans un rez-de-chaussée de deux pièces, de la dimension d'une garçonnière, dans la plaine Monceau. Puis le propriétaire s'impatienta.
Alors Adam qui possédait un beau Seurat et un beau Signac, que ces peintres lui avaient donnés, se dit qu'il ne pouvait laisser vendre à l'encan ces deux témoignages d'amitié. Les sortir de chez lui et les mettre chez moi, cela fut facile, grâce à la nuit complice. Mais le procès-verbal de saisie portait non point la description exacte des toiles et leur attribution, mais leur nombre. Ma collection à moi se composait aussi d'un Seurat, d'un Signac, d'un Luce; je n'avais rien à lui offrir ..." (G. Kahn, "Trente ans de Symbolisme", *Le Figaro littéraire*, 12 octobre 1929). Gaston Lèbre, directeur de *La Vie moderne*, vint à la rescousse. Il décrocha des murs de son bureau deux toiles dont son propre portrait, pour que la substitution se fît.

27 novembre 1886 [*La Vie moderne*, p. 757]

[29] "M'introduire dans ton histoire" fut publié en tête de *La Vogue*, 13–20 juin 1886.

[30] La forte impression faite par Rimbaud lors de sa présentation au dîner des Vilains Bonshommes qui eut lieu le 30 septembre 1871 est décrite dans la célèbre lettre que Léon Valade envoya à Blémont le 5 octobre : "...tel est ce môme dont l'imagination, pleine de puissance et de corruptions inouïes, a fasciné ou terrifié tous nos amis" (Petitfils, *Rimbaud*, 1982, p. 139; Luce Abélès, *Fantin-Latour : Coin de table. Verlaine, Rimbaud et les Vilains Bonshommes*, les Dossiers du musée d'Orsay, 18, 1987, p. 37). Blémont l'avait-il montrée à des amis en 1886 lors de la publication des *Illuminations*, ou deux ans plus tôt à cause des *Poètes maudits* ? (Valade mourut en 1884). D'autres témoins auraient pu employer des expressions

semblables, c'est ce que fait Verlaine dans sa notice de 1888 sur Rimbaud pour *Les Hommes d'Aujourd'hui*. Après un laps de quinze ans le parallèle entre le texte de Valade et celui de B. de Monconys reste néanmoins frappant. La conjecture selon laquelle il s'agit de la lettre adressée à Blémont comme source principale est renforcée par une autre lettre semblable de Valade datée du 9 octobre 1871. Elle est sur le même sujet, mais les différences sont importantes. Celle-ci, guère connue encore, est adressée à Jules Claretie, absent lui aussi du dernier dîner des Vilains Bonshommes : "...on y a vu et entendu pour la première fois un petit bonhomme de 17 ans, dont la figure presque enfantine en annonce à peine 14, et qui est le plus effrayant exemple de précocité *mûre* que nous ayons jamais vu. Arthur Rimbaud, retenez ce nom qui (à moins que le destinée ne lui fasse tomber une pierre sur la tête) sera celui d'un grand poète. — "Jésus au milieu des docteurs", a dit d'Hervilly. Un autre a dit : "C'est le diable! — ce qui m'a conduit à cette formule meilleure et nouvelle : le diable au milieu des docteurs."

Nous devons la copie de cet extrait de catalogue de vente à l'amabilité de Mme L. Abélès. Cette vente du 15 décembre 1986 a été signalée dans *Rimbaud vivant*, n° 26, 1987, p. 43 avec l'affirmation surprenante que l'expert se trompait et de date et de destinataire!

31 Ce compte rendu de Fénéon parut dans *Le Symboliste* du 7 au 14 octobre 1886 (F, p. 572).

32 Forain (1852–1931) partagea pendant deux mois avec Rimbaud un logement de palefrenier sis rue Campagne-Première (voir R. Gimpel, *Journal d'un collectionneur marchand de tableaux*, 1963, p. 342, et également J. J. Lefrère et M. C. Pakenham, "Rimbaud dans le *Journal* de l'abbé Mugnier", article à paraître. Verlaine désirait que son ancien camarade lui fournît un croquis de Rimbaud pour illustrer la deuxième édition des *Poètes maudits* (voir sa lettre à Vanier du 24 août 1886); le 7 décembre il proposer à son éditeur une édition de grand luxe des *Œuvres complètes* de Rimbaud avec "une longue préface, très intéressante" et une abondante iconographie due à lui-même, à Forain, à Régamey, à Manet et à Fantin-Latour. Malgré toutes les démarches de Verlaine, Forain ne lui fournit rien. On connaît trois esquisses de Rimbaud par Forain et un portrait qui est attribué à ce dernier (*Album Rimbaud*, 1967, p. 123, 137, 138 & 189).

33 La photographie est celle de Carjat.

34 "au visage parfaitement ovale d'ange en exil ...", *Les Poètes maudits*, 1884.

35 Verlaine, de son lit à l'Hôpital Broussais, dès le 20 octobre s'enquit de ce croquis par Manet auprès d'Edouard Dujardin. Le 10 décembre, il informe le même

correspondant : "J'ai vu le Manet. Il est très bien, et *frappant*, sinon ressemblant à la lettre". Sur l'authenticité de ce portrait on peut consulter P. Petitfils, *L'Œuvre et le visage d'Arthur Rimbaud*, 1949, p. 286–287, qui ne fait pas état du témoignage suivant de Gustave Kahn :

"Il y avait aussi un petit dessin que les uns attribuaient à Manet, les autres à Leenhoff. Il y a beaucoup de chances pour que ce soit un Manet authentique. C'est un aspect de jeune homme svelte, déguindé avec un joli caractère d'audace et de laisser-aller. La figure est esquissée plus que terminée, mais l'allure du corps du jeune homme debout est saisie dans un caractère très particulier, à la fois nonchalant et vif, qui corrobore et complète l'aspect tout cérébral du portrait de Fantin. C'est aussi expressif que la silhouette de Baudelaire vieilli, où Manet en quelques traits nous en apprend tout sur la psychologie de Baudelaire, correct, harassé, pressé, préoccupé". (G. Kahn, Les "Verlaine" et les "Rimbaud" II, *Le Journal littéraire*, 4 juillet 1925).

D'après la description de Fénéon il se pourrait que ce dessin fût une esquisse pour *le Déjeuner* (dit dans *l'atelier*), 1868, donc, d'après la date, un portrait du jeune Léon Koella. D'autre part on ne peut être aussi catégorique que Tabarant (Petitfils, *op. cit.*, p. 287) quant à l'impossibilité d'une visite de Rimbaud à l'atelier de Manet. En effet, en 1954, lors de l'exposition du centenaire à la Bibliothèque Nationale, figurait sous le n° 260 du catalogue, un pastel de Manet : "Rimbaud dans l'atelier de Manet" où figure Edmond Maître, habitué des Dîners des Vilains Bonshommes. Etiemble, *Le mythe de Rimbaud : Genèse du mythe 1869–1949*, 1954, n° 2512a, est trop péremptoire dans l'identification de la "graphide" décrite par Fénéon et du pastel de Manet de l'ancienne collection Ed. Maître.

[36] Citation tirée de "Villes".

Jean MOREAS (1856–1910)

[37] Selon M. Joanny (*Jean Moréas écrivain français*, 1969, p. 133), ces trois épigraphes indiquent la tonalité du recueil et éclairent en même temps le sens du mot "syrte". *Les Syrtes*, imprimés par Léo Trézenik, furent tirés à 124 exemplaires.

[38] M. Jouanny, *op. cit.* p. 186, a relevé 28 vers hendécasyllabes et 32 vers ennéasyllabes. Des "rimes unisexuelles" se trouvent notamment dans "Ottilie" et "Oisillon bleu …" sous l'influence évidente des *Romances sans paroles* (1874).

[39] Ce poème conclut la partie intitulée "LE PUR CONCEPT".

[40] Moréas : "Le héros arbore la tête de la Gorgone à la pointe ensanglantée de son glaive". Ce vers libre est tiré de l'extraordinaire "Intermède" des *Demoiselles*

Goubert, p. 135, intitulé "Jubilé des esprits illusoires", qui fut publié en préoriginale dans *La Vogue* du 18 octobre 1886.

[41] Kahn : "Où s'éventèrent les parfums et les couleurs des fleurs et des fruits", "Mémorial I", *Les Palais nomades*, 1887, p. 129, où se trouve la leçon "Tes bras l'asyle / Et les lèvres le parvis / Où s'évent*aient*".

[42] Laforgue : "Les fils télégraphiques des grandes routes où nul ne passe"; "L'hiver qui vient", *la Vogue*, 16–23 août 1886, p. 157.

[43] Citation d'"Epître", *Autant en Emporte le Vent (1886–1887)*, Vanier, 1893, repris dans l'édition définitive du *Pèlerin passionné*.

Paul ADAM (1862–1920)

[44] Pastel d'Alexis Boudrot. Cet artiste ne figure ni dans le Bénézit ni dans le Thieme-Becker, serait-il le "Zed" qui fournit le portrait de Paul Adam pour les *Hommes d'Aujourd'hui*, n° 304 (1887)?

[45] *Chair molle*, sous-titré *Roman naturaliste* et préfacé par Paul Alexis, valut à son auteur un procès en 1885; *Soi*, dédié à Alexis, "L'artiste véridique et militant", est d'une tout autre écriture . Ce roman symboliste, publié en mai 1886, exemplifie la méthode de la "déformation subjective" émise par Moréas dans le "*Manifeste*" en septembre.

[46] Consulter à ce propos l'article de Paul Smith, "Paul Adam, *Soi* et les "Peintres impressionnistes": la génèse d'un discours moderniste", *Revue de l'Art*, n° 82 (1988), p. 39–50.

[47] Citations de *Soi*; p. 78–79; 30–31; 102–103.

[48] *Etre* ne fut publié qu'en 1888 ayant été précédé par *La Glèbe* en 1887. Pour l'intérêt porté par Adam à la sorcellerie consulter J. Ann Duncan, *Les romans de Paul Adam. Du Symbolisme littéraire au symbolisme cabalistique*, Peter Lang, Berne, 1977.

Jules LAFORGUE (1860–1887)

[49] nouvelles dédiées à la gloire des nubiles : des Salomés, des Orphélies, des Andromèdes. *Salomé*, *La Vogue*, 21 et 28 juin, 5 juillet 1886; *Hamlet*, *La Vogue*, 15, 22 et 29 novembre 1886; *Andromède*, voir note 52 ci-dessous.

[50] *Les Complaintes*, Vanier, 1885. Ce recueil figure dans le t. I (1860–1883) des

Œuvres complètes (*Edition chronologique intégrale*), L'Age d'Homme, 1986. Les
t. II et III de cette excellente édition ne sont pas encore sortis.

[51] *Imitation de Notre-Dame la Lune*, Vanier, décembre 1885 (mais la page de titre
est datée de 1886).

[52] Extrait de *Persée et Andromède* (*La Vogue*, le 13 et le 20 septembre 1886). La
citation est le début de la deuxième partie (*Moralités légendaires*, Folio, p. 182–83;
ou mieux encore voir l'édition critique établie par D. Gronjnowski chez Droz en
1980, p. 255–256).

[53] Laforgue débuta en 1882 avec un compte rendu, puis publia quatre articles sur
des expositions berlinoises dans *La Gazette des Beaux-Arts* de 1883 à 1886. Le
t. III des *Œuvres complètes* contiendra toute la critique d'art dont des inédits. En
attendant, on peut consulter *Textes de critique d'art*, réunis et présentés par M.
Dottin (Coll. Problématiques), Presses Universitaires de Lille, 1988.

[54] Allusion à "Lohengrin, fils de Parsifal", *Moralités légendaires* (Folio, p. 108;
Droz, p. 163). Kahn, dans sa notice nécrologique de Laforgue publiée dans *la Vie
moderne* du 27 août 1887, s'est souvenu de cette phrase, de même que Vanor le
fit dans sa plaquette, *L'Art Symboliste*, Vanier 1889, p. 24: "Il [Laforgue] élabora
aussi des rondes pour les enfants du vingtième siècle", car le texte des *Moralités
légendaires* comporte seulement "Je ne sais que des rondes de petites filles"(voir
Debauve, p. 233, 246 et 268).

[55] L'erreur "Moncomps" pour "Monconys", qui se trouve une deuxième fois dans
La Vie moderne du 18 décembre 1886, comme un certain nombre d'autres fautes
d'impression, semble indiquer que l'auteur avait une écriture peu lisible et qu'il ne
corrigeait pas toujours ses épreuves.

4 décembre 1886 [*La Vie moderne* p. 779]

Félix FENEON (1861–1944)

A consulter : Joan Halperin, *Félix Fénéon Aesthete & Anarchist in Fin-de-Siècle
Paris* Yale University Press, 1989.

[56] *Revue indépendante*, voir *supra*, n. 5 et *infra*, n. 86.

[57] *Les Impressionnistes en 1886*, éditions de *La Vogue*, octobre 1886, tirés à 277
exemplaires, F, p. 31. (Il faut lire : *Zandomeneghi*).

[58] Backysen pour Backhuysen ou Backhussen (1631–1708) — l'orthographe est incertaine — fut un peintre de marines et un portraitiste.

[59] F, p. 41. Il est curieux de voir que cette citation suit fidèlement toutes les variantes apportées au texte de la plaquette sauf à la p. 19, *supra*, l. 1 où *requiert* (texte de *La Vogue*, 28 juin — 5 juillet 1886) figure au lieu de *sollicite* (voir F, p. 51, l. 319). C'est la lecture donnée par Moréas dans son compte rendu "Peintures", *Le Symboliste*, 22–29 octobre 1886.

Gustave KAHN (1859–1936)

A consulter : *Les Hommes d'Aujourd'hui*, n° 360 [1890] par Fénéon (F, p. 622–625); sur *Les Palais nomades, ibid.*, p. 626–628, et le compte rendu fait par Paul Adam, sur l'invitation de Paul Dollfus, dans *la Vie moderne* du 14 mai 1887, p. 329–330.

[60] A Kahn incombe l'honneur d'avoir été le premier de la jeune génération à se rendre chez Mallarmé (Mallarmé, *ŒC*, p. 863); ceci en 1879 (voir Kahn, *Symbolistes et Décadents*, Vanier, 1902, p. 22–25, 30–31, et "Stéphane Mallarmé avant la gloire" in *Silhouettes littéraires*, Editions Montaigne, 1925, p. 11–18).

[61] Nous devons au service militaire de Kahn en Afrique du nord (fin 1880 jusqu'à l'automne de 1884) la plupart des *Lettres à un ami* de Jules Laforgue.

[62] La présence de Kahn à Paris en mai 1885 est attestée par une lettre de Mallarmé (*Correspondance* II, p. 289, et IV, p. 615).

[63] Kahn : Vos cheveux sont passés dans les ors aux montagnes. / Et vous[,] dont je suis exilé, mes chers bagnes, / Dans mon esprit[,] vos parcs, revenez nonchalante. "Intermède I", *Les Palais nomades*, 1887, p. 49.

[63a] De l'esthéthique du verre polychrome, *La Vogue*, 18 avril 1886, p. 54–65.

[64] *Les Palais nomades* annoncent comme étant sous presse : *Opuscules littéraires de Casanova de Seingalt*, d'après les manuscrits de Dux en Bohême, et en préparation : *Evocations dans le temps et l'espace* et *La Reine de Saba*.

[65] Notamment sa "Réponse des symbolistes" du 28 septembre 1886, voir *supra*, n. 25.

[66] L'édition originale des *Palais nomades* comporte les divisions suivantes : *Thème et variations, Mélopéens, Intermède, Voix au Parc, Chanson de la Brève démence, Lieds, Mémorial, Finale*. "Lied du rouet" — non-titré — est le premier des *Lieds*, p. 115–116. La plupart de ces poèmes parurent dans *La Vogue*.

18 décembre 1886 [*La Vie moderne* p. 813]

Maurice BARRES (1862–1923)

A consulter : *Les Hommes d'Aujourd'hui*, n° 340 [1888] par Moréas (Jouanny, p. 841–843)

[67]   Dans son compte rendu de *Sous l'œil des Barbares* (23 février 1888), Jules Tellier, après avoir parlé de Moréas, de Kahn et de Ghil, ajoute : "Mais voici que M. Maurice Barrès symbolise à son tour durant tout un livre; et je vois pour la première fois à quoi cela peut servir..." (*Jules Tellier, Ses Œuvres publiées par Raymond de la Tailhède*, t. II, 1925, p. 421).

[68]   Cette collaboration au *Voltaire* dura du 10 mai 1886 au 1er avril 1888. Consulter là-dessus la thèse de M. Maurice Davanture, *La Jeunesse de Maurice Barrès (1862–1888)*, Université de Paris IV, 1974, Diffusion Librairie H. Champion, 1975, p. 606–663.

[69]   "J'aime en lui [Barrès], affirmèrent les frères Tharaud, l'homme de l'humeur, le réaliste, le chroniqueur, l'homme d'esprit, le sourire renanien qui brille derrière son sérieux" (cité par M. Davanture, *op. cit.*, p. 611).

[70]   "Les quatre numéros des *Taches d'Encre, gazette mensuelle* (novembre 1884–février 1885) constituaient assurément une tentative d'invidualisme" puisque Barrès fut le seul et unique rédacteur de ce périodique qui traita d'une manière neuve et sympathique de Baudelaire, de Mallarmé, de Verlaine et de Leconte de Lisle. *Les Taches d'encre* se trouvent dans le t. I de *L'Œuvre de Maurice Barrès*, annoté par Philippe Barrès, Au Club de l'Honnête Homme, 1965, p. 383–499.

[71]   bientôt un roman ... "Depuis juin, donc, je donne à nouveau des chroniques au *Voltaire*, une par semaine. J'ai terminé un volume, *Sous l'œil des Barbares*, dont le manuscrit est paraphé, cacheté, etc.". (Lettre à Sorg envoyée de Charmes, le 10 septembre 1887, Barrès, *Le Départ pour la vie*, 1962 p. 272). Puis en novembre, au même : "J'ai un roman qui paraît chez Lemerre sitôt le nouvel an, c'est-à-dire fin janvier. Il y est traité de ceci : que tous les hommes apparaissent des brutes aux âmes sensibles dont je suis." (*loc. cit.*, p. 279).

Francis POICTEVIN, (1854–1904)

A consulter, Verlaine, *Les Hommes d'Aujourd'hui*, n° 424 (1894); R. Martineau, "Un oublié : Francis Poictevin", *Mercure de France*, 15 novembre 1921, p. 114–130 (repris dans *Types et prototypes*, 1931, p. 119–135; voir egalement p. 219–220); H. Lefai, "Francis Poictevin, dit Coco", *Bulletin de la Société J.-K. Huysmans*, n° 63, 1975, p. 8–13, et la *Correspondance* de Mallarmé dans laquelle se trouve toutes ses lettres adressées au poète. (Elles figurent aussi dans *Documents Stéphane Mallarmé*, t. IV, 1973).

[72] *Ludine* (1883), *Songes* (1884), *Petitau* (1885), *Seuls* (1886).

[73] Nous n'avons pu identifier cette citation. Est-elle tirée de *Songes* dont l'exemplaire de la Bibliothèque Nationale manque depuis 1946?

[74] "Dehors... blancheur." *Seuls*, Tresses et Stock, 1886, p. 172. (L'exemplaire de la Bibliothèque Nationale est celui, relié en 1894, qui appartint à Charles de Haas). La leçon de *Seuls* donne "flüheblume" en italiques.

Charles VIGNIER (1863–1934)

A consulter, F. Fénéon, *Les Hommes d'Aujourd'hui*, n° 300 (décembre 1886?) in F, p. 609–612 et planche IV; PAS, p. 78–80, sans oublier la *Correspondance* de Mallarmé *passim*.

Ami de Moréas dès 1882, puis de Tailhade et de Charles Morice, Vignier fit la connaissance de Verlaine en 1883; celle de Mallarmé en 1884. En 1886 il était tristement célèbre à cause du duel qu'il eut avec Robert Caze le 15 février, ce dernier succombe à la suite de ses blessures le 28 mars; une narration émouvante de ses derniers jours se trouve dans le *Journal* des Goncourt. Le parquet s'est ému de cette affaire. Le portrait de Vignier dans le *Petit Bottin des Lettres et des Arts* dont l'achevé d'imprimer est du 22 février, est d'autant plus intéressant :
Mines ambiguës sous des cheveux qui hésitent à brunir. Aquarellise de frêles poèmes, combine savamment l'entrelacs de ses contes d'art. Un collier de fleurs-de-lys en argent. Dans la vie privée, c'est, comme dit Beyle de Racine, "un homme lâche et cruel" (F, p. 549).

[75] tête dans le goût de Clouet : "figure dans le goût des plus fins "Ecole de Clouet"," (F, p. 612). Jehannet Clouet (v. 1482–1540), peintre de la cour de François Ier; son fils François Clouet (1522–1572) prit la relève. Consulter E. Moreau-Nélaton, *Les Clouet et leurs émules*, 1924.

[76] Le nom de Vignier n'est pas signalé dans la liste des collaborateurs du t. VI (1886–1888) des *Tables du Journal "Le Temps"*, Editions du Centre National de la Recherche Scientifique, 1974.

[77] *Eléments de psycho-physique*, chez Fetscherin et Chuitt (deux romans publiés par cette maison d'édition figurent dans *Le Décadent* du 13.11.1886, p. 3B); ce livre

ne se trouve point à la Bibliothèque Nationale, Fénéon, *art. cit.*, p. 610, donne le plan de ce livre qui traite des rapports du subjectif et de l'objectif.

[78] *Centon*, Vanier, 1886; l'achevé d'imprimer et du 31 octobre : "Depuis quelques semaines, son *Centon* est aux vitrines. Introduits par une préface ironique et galante, ce sont de courts poèmes, de deux ans de tiroir. Peu soucieux de fixer sa personnalité en quelque stable figuration, il la laisse varier à tous degrés : d'où peut-être ce titre, *Centon*, qu'un dictionnaire traduirait : "Pensées empruntées à divers" — aux divers, aux successifs Charles Vignier," (Fénéon, p. 610).

[79]   roman, *Humains*, alors et toujours inédit. Dans une lettre du 2 juillet 1885 adressée à Mallarmé (cf. Mallarmé III 428), on apprend que Vignier travaillait beaucoup : "un roman en collaboration avec Morice, un autre roman à moi, nouvelles, vers, théâtre, et tout...avec l'Agence Havas qui prend toutes mes nuits" (il y traduisait des dépêches).

[80] "La Suggestion en Art", *Revue contemporaine*, décembre, p. 464–476; citation, p. 474–75. Voir en appendice le texte de cet article *in extenso*.

8 janvier 1887 [*La Vie moderne* p. 30]
Edouard DUJARDIN (1861–1949)

A consulter : T. de Wyzewa, *Les Hommes d'Aujourd'hui*, n° 388 [1891]

[81] La *Revue wagnérienne* (février 1885 — juillet 1888) a autant d'importance dans l'histoire des lettres que dans celle de la musique. On n'a qu'à se rappeler la "Rêverie d'un poëte français" (août 1885) et l'"Hommage" de Mallarmé qui figurent en tête des sonnets de Verlaine, Ghil, T. de Wyzewa, Merrill, Morice, Vignier et Dujardin dans le numéro de janvier 1886. A consulter, *Wagner et l'esprit romantique* d'André Cœuroy, 1965, p. 249–286, et L. Guichard, *La Musique et les lettres en France au temps du wagnérisme*, 1963, p. 59–63.

[82] L'origine de ce néologisme se trouve expliquée dans *Le Décadent* du 25 septembre 1886. Le "Médaillon" de Fénéon, signé des trois points maçonniques, emploie le même mot — " ...'vésanisme', comme dit Maudsley ..." — allusion donc à la *Pathologie de l'esprit* de Henry Maudsley dont la traduction parut en 1883.

[83] *Les Hantises*, Vanier, 1886. La joie d'être édité par Vanier éclate dans une lettre du 25 novembre 1885 de Dujardin à sa famille : "...Vanier l'a pris : c'est l'éditeur de mes rêves, l'éditeur de la nouvelle école (dont rient les journalistes), l'éditeur de Mallarmé et des "Décadents", comme on nous a baptisés ..." (M. Décaudin, "Le Symbolisme en 1885–1886 d'après la correspondance inédite d'Edouard Dujardin",

Revue des Sciences humaines, avril–juin 1955, p. 271).

[84] La citation est tirée du "Kabbaliste", *Les Hantises*, p. 112. "Le Diable Helkési-pode", *Revue contemporaine*, décembre 1886, p. 477–501, repris en tête des *Hantises* (p. 9–26).

[85] *A la Gloire d'Antonia*, poème en prose, orné d'un ex-libris dessiné par Félicien Rops, Librairie de la Revue indépendante, 1887 (tiré à 55 exemplaires, voir Fénéon, p. 720; édition préoriginale dans *La Vogue*, 2–9 août 1886).

[86] La nouvelle série de la *Revue Indépendante* paraît en novembre 1886. Elle est annoncée dès le 14 août par *Le Décadent*. Dans une lettre du 3 octobre adressée à Jacques-Emile Blanche, Dujardin expose son programme :
"...la *Revue Indépendante* ne sera ni décadente, ni déliquescente, ni symboliste, ni évanescente, ni rien de tel : elle sera progressiste, avancée, mais "raisonnable". Huysmans, Villiers, oui; Mallarmé, mais un Mallarmé...fait exprès (Mallarmé fera ses chroniques en "style de conversation", donc claires, simples), — pas de Moréas (voir le *Figaro* du 18 septembre, supplément : article-manifeste de Moréas), pas de Floupette, pas de la *Vogue*" (M. Décaudin, *art. cit.* p. 272–273).

Au sommaire du premier numéro : Mallarmé, Villiers de l'Isle-Adam, Bourget, Laforgue, Barrès, Ghil, Moore, Vignier, H. S. Chamberlain, etc. Consulter, la thèse de J. Monférier, *Edouard Dujardin et la "Revue indépendante"*, soutenue en 1976 (Paris IV).

[87] *Les Lauriers sont coupés* furent publiés dans la *Revue Indépendante* en 1887. L'innovation de l'emploi du monologue intérieur ne semble pas avoir frappé outre mesure les contemporains. On sait maintenant la révélation que fut ce roman pour James Joyce lorsque, de passage à Paris en 1903, il l'acheta dans un kiosque de gare. Voir l'édition procurée par Carmen Licari, "*Les Lauriers sont coupés* suivi de *Le Monologue intérieur*", chez Bulzoni, Rome, 1977. Une importante lettre de Dujardin adressée à Vittorio Pica, le 21 avril 1888, ayant trait à son roman fut publiée par Frida Weissman dans la *Revue d'Histoire littéraire de la France*, mai–juin 1974, p. 491–92.

15 janvier 1887 [*La Vie moderne*, p. 44]

Teodor de WYZEWA (1862–1917)

A consulter : P. Delsemme, *Teodor de Wyzewa et le cosmopolitisme littéraire en France à l'époque du Symbolisme*, Bruxelles, 1967, 2 volumes; Elga L. Duval, *Teodor de Wyzewa, critic without a country*, Droz, 1961.

[88] *le baron de Volzogen* : Le seul article relevé par M. P. Delsemme dans sa très riche bibliographie de Wyzewa dans lequel le nom du baron figure au titre est postérieur à cette allusion faite par Adam : N° 782, *Richard Wagner, D'après les souvenirs de M. de Wolzogen, Revue Bleue,* 23 janvier 1892, p. 119–122, compte rendu de : Hans von Wolzogen, *Erinnerungen an Richard Wagner,* Leipzig, 1891.

[89] Xavier Perreau. Voir Delsemme, p. 17, 20, 25, 36. Wyzewa en collaboration avec Perreau fit paraître *Les Grands Peintres de la France* chez Firmin-Didot en 1890.

[90] Gontcharow, Ivan : *Alexandre : Histoire de la Vie humaine,* 68 feuilletons dans *Le XIXe Siècle* du 12 juin au 10 octobre 1886.

[91] Tolstoï : *Le premier distillateur,* comédie traduite par T. Wyzewa, *Revue indépendante,* novembre 1886. Wyzewa fit plusieurs comptes rendus d'autres traductions d'œuvres de Tolstoï dans la même revue entre novembre 1886 et janvier 1887 (voir Delsemme, n°s 175–77). En outre Wyzewa avait publié "La religion de Richard Wagner et la religion du comte Léon Tolstoï" dans la *Revue Wagnérienne* du 8 octobre 1885 (p. 237–56).

[92] T. de Quincey, "La Fille du Liban", pièce du *Suspiria de profundis* traduite par T. de Wyzewa, *Revue Indépendante,* décembre 1886, p. 326–34.

[93] T. de Wyzewa, "M. Mallarmé, Notes", *La Vogue,* 12–19 juillet 1886 (glose du sonnet de Mallarmé sur Wagner publié par la *Revue Wagnérienne* du 8 janvier 1886), repris dans *Nos Maîtres,* 1891. Les fruits d'une autre "périlleuse exploration à travers Mallarmé" étaient sur le point de voir le jour dans la *Revue indépendante* de février 1887.

[94] "Le Comte de Villiers de l'Isle-Adam, notes", *Revue indépendante,* décembre 1886, p. 260–90; repris dans *Nos Maîtres,* p. 133-62. A la page 49 du même livre, cette remarque : "J'admire cette musique [...] surtout dans quelques pages prodigieuses du comte Villiers de l'Isle-Adam, magicien des mots, sans égal pour nous suggérer, par des liaisons de syllabes, la joie harmonieuse d'une émotion vivante."

[95] Cette citation est tirée de "L'Art wagnérien : la littérature" (*Revue Wagnérienne,* juin 1886), V^e partie (*Nos Maîtres,* p. 54–55). Entre la question posée et la réponse le paragraphe suivant a été omis :
"Je crois entendre la voix de Wagner, adressant à l'art de notre temps cette demande ingénue. Un long séjour dans les casemates universitaires a développé chez moi, jusqu'à l'hallucination, les sens de la prosopée; et voici que j'entends la voix de

l'Eternelle Sagesse, de la toute-voyante Isis, en ma faveur dévoilée. Elle parle avec une lente pitié : elle répond :".

Jean AJALBERT (1863–1947)

A consulter : G. Geffroy, *Les Hommes d'Aujourd'hui*, n° 374 [1890]; J. Ajalbert, *Mémoires en vrac*, 1938, Avocat au barreau de Paris, Ajalbert plaida de 1885 à 1895. Il fut le défenseur de l'anarchiste Vaillant. En 1907 il devint conservateur du château de Malmaison.

[96] *Sur le vif*, Tresse & Stock, 1886 (achevé d'imprimer le 30 novembre 1885). Dans sa "Lettre-préface" Robert Caze affirme : "De la première à la dernière page de votre manuscrit, l'impressionnisme, la chose vécue, vue, observée, immédiatement fixée sur le papier; j'allais écrire : sur la toile". (Tout le texte est reproduit par Ajalbert dans ses *Mémoires en vrac*, 1938, p. 124–126). Le recueil est divisé en trois parties : Paris; Banlieue; Provinces.

[97] les pauvres amours des fillettes : voir "Grossesses" dédié à Darzens, p. 83–86.

[98] les nudités des routes :

> Interminablement, sous les cieux lymphatiques,
> S'allonge la grand'route, entre les champs déserts,
> Balayée à présent par les vents hérétiques [...]"
> "Pointe-sèche", p. 128

[99] la solitude des fils télégraphiques :

> Les fils du télégraphe, à travers l'air épais,
> Découpent, deux par deux, des tranches parallèles,
> Jusqu'au poteau prochain, endormi dans la paix
> Qui tombe des cieux gris sur les peupliers grêles,
> Droits au bord du trottoir comme des parapets.
> "Pointe-sèche", p. 128

[100] Citation tirée de *Paysages de Femmes, Impressions*, Dessin de J. F. Raffaëlli, Vanier, 1887, p. 31. Voici la deuxième strophe omise :

J'écoute, parmi ce concert,
Planer comme une voix aimée,
Une voix d'amour qui répond
Au loin de la plaine endormie,

La dernière strophe répète la première — ce qui caractérise tous les poèmes du recueil. Ce poème avait déjà été publié dans *Le Symboliste* du 22–29 octobre 1886.

Camille de SAINTE-CROIX (1855–1915)

A consulter : P. Margueritte, "Camille de Sainte-Croix : *La Libre Critique*", *Mercure de France*, Août 1891, p. 65–69; G. Nouveau, *Pages complémentaires*, Textes littéraires XLIX, University of Exeter, 1983, p. 86, 106, 109, 113-14. La vocation littéraire de Camille de Sainte-Croix s'annonça tôt. Elève de Seconde au lycée Fontanes (futur Condorcet), il adressa à Manet un sonnet sur l'*Olympia* en mai 1876 et fut reçu par l'artiste dans son atelier. Renvoyé pour avoir fait l'école buissonnière en 1878, il entre en novembre comme surnuméraire au ministère de l'Instruction publique où il trouve Dierx, Delahaye, Roujon, Maupassant, Paul Margueritte, etc. Il se lia en particulier avec Larmandie et avec Germain Nouveau (il dédie à ce dernier son deuxième roman *Contempler* en 1887). Sans doute grâce à Nouveau, Sainte-Croix fut admis dans le salon de Nina de Villard. Selon Robert Godet (1866–1950), lorsque "Croix" habitait la rive gauche il voisinait avec les frères Bouchor, Ponchon et Henri Mercier et servait de trait d'union entre le quartier latin et le Montmartre des Willette, des Allais, des Brayer, tous de chers amis à lui. Il eut l'occasion aussi de rencontrer Debussy à la taverne Pousset (il rendit compte de la première représentation de *Pelléas et Mélisande* pour *La Petite République*).
Dès 1884 il se fit remarquer par une série d'articles intitulés "Nos farceurs" dans *Paris-Croquis* (voir B. Bakker, *"Naturalisme pas mort", lettres inédites de Paul Alexis à Emile Zola*, University of Toronto Press, 1971, p. 274). En décembre 1884 il fonde *Le Monde moderne* suivi de la *Semaine parisienne* (voir F, p. 652). Il participe activement au *Chat noir*. En 1886 son nom figure au sommaire du *Symboliste*. Par la suite il devint critique littéraire et artistique du journal *La Bataille*. Dramaturge lui-même, il collabora également avec Bergerat pour le théâtre. En 1909 il forma sa propre troupe afin de jouer Shakespeare dans des traductions intégrales (voir Jean Jacquot, "Camille de Sainte-Croix et la Compagnie Française du Théâtre Shakespeare", *Revue de l'Histoire du Théâtre*, t. 17, 1965, p. 101–18).

[101] Ses habitudes vestimentaires sont relevées ironiquement dans le *Petit Bottin des Lettres et des Arts* (1886) :

"SAINTE-CROIX (Camille de)

Par dix Réamur au-dessous de Zéro, arpente, comme des planches, les trottoirs, en pantalon et léger veston moulants, sans manteau : torse oblige. Fonde chaque hiver de fugaces revues où il plante des articles acuminés. Sous le titre la *Mauvaise Aventure*, il a publié un précieux guide du parfait Souteneur."

102 *La Mauvaise aventure*, histoire romanesque, fut publiée à la fin de 1885 (voir la lettre de remerciement de Mallarmé, *Correspondance*, t. II, p. 307). Parmi les comptes rendus on peut citer ceux de Paul Margueritte, *Revue contemporaine*, novembre 85, p. 359, et du même, *Le Chat noir*, 9 janvier 1886, p. 630; Mostrailles, *Lutèce* 20 décembre 1885; Fénéon dans *La Revue Moderniste*, 1er février 1886 (F, p. 666).

22 janvier 1887 [*La Vie moderne* p. 61]

Paul MARGUERITTE (1860–1918)

A consulter : H. d'Alméras, *Avant la gloire, Leurs débuts*, deuxième série, 1903, p. 209–33; Eve et Lucie Paul Margueritte, *Deux frères, deux sœurs; deux époques littéraires*, 1951. Les souvenirs de jeunesse de Margueritte, *Les Jours s'allongent*, 1908, nous apprennent peu de choses puisqu'ils s'arrêtent au moment où il entra comme surnuméraire au ministère de l'Instruction publique en 1880 qu'il quitta huit ans plus tard. Un personnage grotesque, Edèse Kastor, figure dans son roman *Ma Grande* (1893) et rassemble sur lui tous les ridicules de ses rivaux en poésie symboliste. Nous ignorons la réaction de son cousin Mallarmé à cette lecture.

103 *Pierrot assassin de sa femme*, pantomime représentée pour la première fois au théâtre de Valvins [...] en 1882. Préface de Fernand Beissier, chez Paul Schmidt, imprimeur-éditeur, 1882. Cette édition princeps ne fut tirée qu'à un petit nombre d'exemplaires (le nôtre, avec envoi à Sylvain de la Comédie Française, porte le numéro 41); en 1886 Calmann Lévy donna une nouvelle édition. Cette pantomime devint si populaire que la *Revue Illustrée* du 1er décembre 1888, p. 410–20, publia la partition pour piano de la "Valse de l'ivresse" de Paul Vidal accompagnée de deux dessins signés Willette.

104 *Tous quatre*, E. Giraud, 1885. Citons encore une fois le *Petit Bottin des Lettres et des Arts* : "MARGUERITTE (Paul). Auteur de *Tous quatre*, roman par anticipation qui traite de la vie d'un artiste pendant les vingt dernières années de ce siècle, — façon Berthoud et Robida. Un bon livre". Voir compte rendu de 'A', *Revue contemporaine*, t. II, (juillet ?) 1885, p. 404–406.

105 *La Confession posthume* [L'Impasse], E. Giraud, 1886. Voir compte rendu de

M. M[orhardt], *Revue contemporaine*, mai 1886, p. 122–23.

Charles HENRY (1859–1926)

A consulter : le numéro spécial des *Cahiers de l'Etoile*, jan. 1930, et l'excellente étude de M. A. Mercier "Charles Henry et l'esthétique symboliste", *Revue des Sciences Humaines*, avril–juin 1970, p. 251–72; J.-F. Revel, "Charles Henry et la science des Arts", *L'Œil*, novembre 1964, p. 21–27, 44, 58; J. A. Arguelles, *Charles Henry and the Formation of a Psycho-Physical Aesthetic*, Chicago, 1972.

[106] Henry fut nommé sous-bibliothécaire à la Sorbonne en 1881.

[107] On relève dans le *Petit Bottin des Lettres et des Arts* (1886) que Charles Henry "mesure au dynamographe la valeur d'une métaphore de Mallarmé ..."

[108] Pierre de Fermat : *Recherches sur les manuscrits de Pierre de Fermat*, Rome, 1879–1880.

[109] Huet : *Un érudit homme du monde, homme d'église, homme de cour. Lettres inédites de Madame de Lafayette, de Bossuet, de Fléchier, etc., à Huet*, Hachette, 1879.

[110] *Huyghens et Roberval, documents nouveaux*, Leyde, 1879.

[111] Cochin : *Mémoires idédits de Charles Nicolas Cochin sur le comte de Caylus, Bouchardon, les Slodtz*, Charavay, 1880.

[112] Condorcet : *Correspondance inédite de Condorcet et de Turgot*, publiée avec notices, Charavay, 1883.

[113] *Pierre de Carcavy*, Rome–Paris, Gauthiers–Villars, 1885.

[114] *Les Voyages de Balthazar de Monconys, Documents pour l'Histoire de la Science*, Paris, 1887 (achevé d'imprimer le 16 février). La préoriginale figure dans *La Vogue* à partir du quatrième numéro (2 mai 1886).

[115] Caylus : voir *supra*, Cochin. Henry eut aussi la chance de publier *La Vie d'Antoine Watteau* d'après les documents autographes du comte de Caylus.

[116] *Lettres inédites de Mademoiselle de Lespinasse, avec une étude et des documents nouveaux*, Dentu, 1886.

[117] *L'Encaustique et les autres procédés de peinture chez les anciens*, Librairie de l'Art, Paris, 1884 (avec M. Henri Cros).

[118] chansons populaires slaves : nous n'avons rien trouvé à ce propos.

[119] idées sur Vinci : "Les Manuscrits de Leonardo da Vinci. Manuscrits A et B de l'Institut", *Revue de l'Enseignement secondaire et supérieur*, janvier 1885.

[120] La liste relevée n'est certes pas complète. Des correspondances inédites d'Alembert, d'Euler; Lagrange et Laplace furent publiées dans quatre numéros du *Bullettino di Bibliografia e di storia delle Scienze matematiche e fisiche* (Rome) entre septembre 1885 et avril 1886; en 1887 paraîtront *La Théorie de Rameau sur la musique*, publications de *La Vogue*, et *Wronski et l'esthétique musicale* chez Heimann. Son article "Le Livre de l'avenir (Polychromie, justification, caractères)", *Revue indépendante* du 5 mai 1885, montre encore une autre facette de ses multiples intérêts sans oublier son importante contribution à la *Revue contemporaine* signalée *supra*, n. 7.

[121] l'art des couleurs : allusion évidente à son *Cercle chromatique présentant tous les compléments et toutes les harmonies de couleur avec une introduction sur la dynamogénie, autrement dit du contraste, du rythme et de la mesure*, 1888–1889, qui eut une telle influence sur Signac et Seurat.

[122] "Vision", *La Vogue*, n° 1 du 11 août 1886. Ce poème en prose, le seul connu de Charles Henry vaut la peine d'être relevé :

"Des collines inclinées de 45 degrés sur une surface immobile ainsi que le *domaine d'Arnheim*.
Dans l'épaisseur du fourré un jet d'eau : une première gerbe frise la pelouse de ses épis irradiés, une seconde au tiers de la hauteur s'échappe en calice, au sommet, — fleur de liseron sur sa tige, — dernière fusée de cristal.
Le ruisseau se dérobe au massif : la barque, poupe et proue relevées en croissant, glisse; les rives s'épanouissent comme les derniers rayons du Soleil évanoui.
Plus rien que les arbres et de la terre. Au sommet de la colline une échancrure estompée de sapins : plus bas quelques ramures souriantes, puis des chênes raidissant contre les efforts du vent l'horizontalité de leurs branches.
Des lisérés de bal, des corsages féminins, des maillots scéniques, une architrave dorique.
Dans la maison, des rideaux ramenés en haut vers la tapisserie, aux vitres des stries de triangles et de parallélogrammes, sur le tapis des lignes en éventail, contre les murs des auvents inclinés, un lit sans largeur uniforme, le candélabre sans branche verticale; (infaillible est le langage des bordures échancrées interrompant par le

calme de l'horizontalité chacun de leurs sourires).

Elle, un nœud violet dans les cheveux; violette la robe; orangée la doublure du veston.

On entend les Corporations des *Maîtres Chanteurs*."

(Voir la réaction de Laforgue à la lecture de ce poème en prose dans *Lettres à un ami*, p. 176).

[123] seul critique scientifique actuel : c'est assez cavalier de passer sous silence Emile Hennequin (1858–1888) qui collaborait à *La Vie moderne*. Voir E. Caramaschi, *Essai sur la critique française de la Fin-de-siècle : Emile Hennequin*, Nizet, 1974.

Paul-Victor STOCK (1861–1942)

A consulter : *Mémorandum d'un éditeur*; ces trois volumes (1935–1938) sont une mine de renseignements surtout à partir de 1885, époque où le jeune neveu de Mme Tresse devint son associé et s'intéressa à la nouvelle génération car il débuta en publiant Paul Adam et Jean Moréas. Il eut le courage de publier Darien et le roman de Lucien Descaves, *Sous-Offs*, qui fit scandale. Rien d'étonnant par conséquent à apprendre qu'il fonda deux collections : la Bibliothèque des Anarchistes et la Bibliothèques des Recherches Sociales, et qu'il fut un dreyfusard convaincu. Voir sur lui "Une librairie", par V. et Ch. Muller en appendice au t. I du *Mémorandum d'un éditeur*, p. 318–23, et l'*Histoire de l'Edition française* publiée sous la direction de H.-J. Martin, de R. Chartier et de J.-P. Vivet, t. IV, 1986, p. 158–160.

Léon VANIER (1847–1896)

Après avoir été libraire pendant sept ou huit ans rue Hautefeuille, Vanier s'établit au 19, quai Saint-Michel. Sa veuve céda le fonds à Albert Messein en 1903. La boutique, devenue un magasin de nouveautés dans les années cinquante, après avoir été achetée et revendue par Henri Matarasso qui y découvrit des brouillons d'*Une Saison en Enfer*, ferma ses portes peu avant Pâques 1985 pour être transformée en restaurant grec.

En 1881 Vanier accepta d'éditer *Paris-moderne* dirigé par Jacques Madeleine, G. Millet et Georges Moinaux, dit Courteline, qui y publèrent "L'art poétique" de Verlaine. Grâce à Léo Trézenik et à *Lutèce* il s'intéressa aux Décadents. Son vrai début comme "Editeur des Modernes" date cependant de 1884 lors de la publication des *Poètes maudits* de Verlaine suivis, en 1885, de *Jadis et Naguère*. En mai de cette annéee-là, il édite les *Déliquescences* (voir *supra*, n. 3). Le succès retentissant de cette parodie (deuxième édition tirée à 1,5000 exemplaires le 20 juin) et les nombreux articles à ce sujet dans la presse, dont celui de Paul Bourde (PAS, 23–28) du 6 août (*Le Temps*), le mirent en vedette. C'est ainsi que l'on trouve un portrait charge de lui entouré de ses publications et sous-titré "Le Père des Décadents" dans

La Nouvelle Lune du 8 août. Le 11, *Le XIXᵉ Siècle* publie la réponse de Moréas à Paule Bourde. Le dessin de G. Taverne dans *La Vie moderne* représentant Vanier a été fait d'après la même photographie de Nadar dont s'est servi Coll-Toc (Emile Cohl), pour son portrait-charge (voir la reproduction donnée par J. L. Debauve, p. 32).

L'étude la plus complète de Vanier nous est fournie par J. L. Debauve dans son *Laforgue en son temps*, 1972, p. 23–29. A consulter également l'*Histoire de l'Edition française* publiée sous la direction de H.-J. Martin, de R. Chartier et de J.-P. Vivet, t. IV, 1986, p. 167–68; Ajalbert, *op. cit.*, p. 116–17 et 208 et, de toute évidence, les ouvrages du père Noël Richard, sans oublier son article d'*A rebours*, n° 33, 1985, p. 39–43.

[124] caricatures : Vanier avait pris la succession des *Hommes d'Aujourd'hui*, publication fondée en 1878 par Champsaur, consistant en un portrait-charge et une notice biographique de trois pages. Celui de Moréas (n° 268) parut en 1886. Celui de Vanier avec un dessin de Luque, texte de Verlaine, figure au n° 320 (1888).

PAUL MARGUERITTE. — Dessin de G. TAVERNE.

APPENDICE I

Abréviations

AB	: A. Barre, *Le Symbolisme*, 1911
CR	: compte rendu
DPV	: Barrès, *Le Départ pour la vie*, 1961
Ghil	: R. Ghil, *Les Dates et les Œuvres*, 1923
J	: R. Jouanny, *Jean Moréas écrivain français*, 1969
NRI	: N. Richard, *A l'Aube du Symbolisme*, 1961
NRII	: N. Richard, *Le Mouvement décadent*, 1968
L	: J. Lethève, *Impressionnistes et Symbolistes devant la presse*, 1959
LEST	: J. L. Debauve, *Laforgue en son temps*, 1972
PAS	: Moréas, *Les Premières armes du Symbolisme*, édition critique, 1973
Raynaud	: E. Raynaud, *La Mêlée symboliste* [1918–1922], 1971

CAMPAGNE DE PRESSE

1886

janvier

8 *Revue Wagnérienne* : Sonnets de Mallarmé, Verlaine, etc.

18 Adam et Moréas propose *Le Thé chez Miranda* à Kistermækers

24 Lorrain, de passage à Paris avant cette date, a vu une partie des épreuves du *Petit Bottin des Lettres & des Arts* (*Mercure de France*, 1er juillet 1938, 118)

[30 Barrès à Sorg: Je ne vais guère au Quartier Latin, j'ai à peu près rompu (sans aucune brouille, certes) avec ces messieurs Moréas, (DPV, 257)].

février

15 Duel Caze-Vignier

22 *Petit Bottin des Lettres & des Arts* tiré

mars

La Pléiade n° 1

6 *Le Figaro* : Marcade, A travers les revues

24 *Le Figaro* : CR *Petit Bottin des Lettres & des Arts*

28 Mort de Robert Caze

avril

10 *Le Décadent* n° 1

11 *La Vogue* n° 1

Soi de Paul Adam

23 *Le Thé chez Miranda* annoncé dans la *Bibliographie de la France*

Moréas, *Les Cantilènes*

24 *Revue bleue* : Paul Desjardins, Notes et impressions [voir *supra*, p. IX–X]

mai

juin

[15 et 20 Ghil, excédé, se plaint à Vanier de huit mois d'attente pour la publication de son *Traité du Verbe* (LEST, 29)]

17 *Le Charivari*, caricature "La poésie en 1886". Moréas au fond porte une bannière "Symbolisme" (Lethève, 186)

27 *Le Tintamarre* : Montclaval, Parade et riposte

juillet

4 *Le Tintamarre* : Désiré Luc, Décadentisme (LEST, 226–227)

17 *Le Décadent* : Cazals, "Croquis littéraires V" : Jean Moréas

août

1 *Lutèce* : Mostrailles, CR *Le Thé chez Miranda* (J, 56)

4 *La Vie moderne* : [Dolffus], CR *Le Thé chez Miranda* (J, 330)

8 *La Nouvelle Lune* : Coll-Toc, portrait charge de Léon Vanier, Le Père des Décadents (reproduit LEST, 32)

11 *Le Figaro* : CR *Le Thé chez Miranda* — "style coruscant"

12 Meeting au théâtre du Château d'Eau

15 *La Nouvelle Lune* : G.C., notice biographique sur Vanier

17 *Le Gil Blas* : Ginesty, CR *Le Thé chez Miranda*

29 *L'Evénement* : Mirliton [G. Livet], Déliquescence (NR II, 100; LEST, 228)

septembre

1   *La France* : Sarcey (Ghil, 63–64)

1   *Le Scapin* : Vir [Léo d'Orfer], La Décadence (Ghil, 65–66)

4   *Le Décadent* [Ed. Norès de *la Patrie*]

8   *Le Voltaire* : J. Rolland, Les Journaux

13 *L'Echo de Paris* : Didier [Monselet], Les rapins de la littérature

13 *La Justice* : Sutter Lauman, Les Décadents (L, 193–194)

18 *Le Figaro* : Moréas, "Manifeste" (PAS 29–37)

20 *La Justice* : Sutter Lauman, Les Décadents (Ghil, 61–62; L, 194)

20 *Le Temps* : X, Les Enfants s'amusent (Ghil, 62)

20 *Le Tintammarre* : poème "Décadence"

22 *Le Gaulois* : Qui sait [A.-F. Claveau], Les Décadents (PAS, 38–44)

22 *L'Evénement* : Ed. Deschaumes, Symbolistes et cymbolistes (L, 194–195)

22 *La Liberté* : L'Ecole décadente

25 *Le Décadent* cite deux extraits du "Manifeste" (J, p. 254 n. 13)

26 *Lutèce* : Un touriste, Coup de botte (NR I, 257–258)

26 *Le Temps* : A. France, Examen du Manifeste (PAS 45–55)

26 *Tintamarre*, Gargantua, "Sonnet décadent"

26 *Le Voltaire* : J. Rolland, Les Journaux

26 *Le Cri du peuple* : Trublot [Paul Alexis]

28 *L'Evénement* : Kahn, Réponse des Symbolistes (voir *supra*, p. 30 n. 25)

28 [*Le Voltaire* : dernier article de Barrès, Une légère réforme]

octobre

1   *La Décadence* n° 1 : Ghil, Notre école (NR II, 104; LEST, 229)

1 *Le Scapin*, Léo d'Orfer, La décadence (Ghil, 71; Raynaud, 52–53; LEST, 229)

2 *Le XIXe Siècle* : H. Fouquier (Ghil, 65)

2 *L'Univers illustré* : Gérôme, Les Décadents

2 *Le Voltaire* : A. Germain, Le Triomphe du Volapük

3 *L'Evénement* : Paul de Bart, L'Ecole décadente (daté du 28 septembre)

3 *Lutèce* : Lettre de Rachilde (NR II 89–91)

3 *Lutèce* : cite A. Rogat de *L'Autorité* (NR I, 258–259)

3 *La République Française* : G. Isambart, Les Décadents

3 *Le Tintamarre* : D. Luc, Tous épiciers

3 *L'Art moderne* de Bruxelles

6 *La France* : Mermeix, Les deux Pôles

7 *Le Symboliste* n° 1 : Lettre de Moréas à Anatole France (PAS 56–59)

7 *Le Symboliste* n° 1 : Adam, La Presse et le symbolisme (PAS 59–64)

8 *La Décadence* : Léo d'Orfer (L, 199)

8 *L'Evénement* : Champsaur, Ecoliers limousins [*Le Défilé*, 1887, 65–72]

8 *Le Voltaire* : J. Rolland

10 *Le Voltaire* : A. Germain, Fleurs de Décadence

15 *Le Symboliste* n° 2

16 *Le Scapin* : Valette, Le Symbolisme (daté du 20 sept.), 73–81 (Raynaud, 54–55)

17 *Le Tintamarre* : Aux Décadents (12 strophes); Sornette

21 *La Justice* : Sutter Lauman, Compagnons et Décadents

21 *Le Scapin* : Vir [Léon d'Orfer]

22 *Le Symboliste* n° 3

22 *Le Constitutionnel* : D. Luc, Etude sur le Décadisme [relevé dans *Le Décadent*, 6.11.86]

22 *L'Echo de Paris* : M. Boucheron, Louise Michel décadente (AB, 120)

22 *Le Temps* : Louise Michel et les Décadents

23 *Revue bleue* : Ch. L[évêque], Les décadents-déliquescents-symboliques

24 *La France* : Mermeix, Paris au jour le jour (Ghil, 63)

24 *La République Française* sur Mallarmé

24 *Le Temps* : A. France, La vie à Paris

24 *Le Tintamarre* : Perdrix, Etre Décadent... ou ne pas être (NR II, 96–97)

24 *Le Tintamarre* : D. Luc, Un picotin

24 *Le Tintamarre* : Lévy d'Angers, Décadentiana

27 *Le Voltaire* : A. Germain, *La Revue décadente*

30 *Le Symboliste* (4ᵉ et dernier n°)

30 *L'Univers illustré* : Gérôme (voir la Bibliographie)

31 *Le Cri du Peuple* : Trublot [Alexis], A Minuit. Le Symboliste (B. H. Bakker, *Lettres inédites de Paul Alexis à Emile Zola*, Toronto, 1971, p. 324 n. 7; LEST, 230)

31 *Le Tintamarre* : X ..., Une réception chez les Décadents. Drame en un acte, en vers ou en prose, au choix

novembre

Les Demoiselles Goubert, roman de Adam et Moréas (CR *La Vogue* du 22)

1   *Le Voltaire* : A. Germain, Le Symbolisme *A Monsieur Plowert*

4   *La France* : Lettre du 30 octobre de Ghil

5   *L'Evénement* : Champsaur, Petites revues [*Le Défilé*, 1887, 76–83]

6   *Le Chat noir* : Adam[?], "Poèmes rapides", Désespérance

12 *La France* : Clovis Hugues, Les Déliquescents

20 *La Vie moderne* : Octave Malivert, Symbolistes et Décadents : la Genèse du Symbolisme

[22 Verlaine à Tellier, voir *supra*, p. V]

27 *L'Autorité* : Goubert

27 *Le Figaro* : Monselet, Les Déliquescents au village

27 *Le Figaro* : Marcade, A travers les revues (Ghil, 72–73; LEST, 231–232)

27 *La Vie moderne* : B. de Monconys, Les personnalités symbolistes (LEST, 232–233) : Verlaine, Mallarmé, Rimbaud, Moréas, Adam, Laforgue

[28 G. Dubedat à Ghil (Ghil, 72–73)]

28 *Le Tintamarre* : D. Luc, poème sur Paul Roinard

décembre

4 *La Vie moderne* : B. de Monconys : Fénéon, Kahn

10 *L'Evénement* : Arsène Alexandre, Critique Décadente : *Les Impressionnistes en 1886* [de F. Fénéon]

18 *La Vie moderne* : B. de Monconys : Barrès, Poictevin, Vignier

1887

janvier

7 *Ecrits pour l'Art* N° 1 de Ghil et G. Dubedat

8 *La Vie moderne* : B. de Monconys : Dujardin

15 *La Vie moderne* : B. de Monconys : Wyzewa, Ajalbert, Sainte-Croix

22 *La Vie moderne* : B. de Monconys : P. Margueritte, Stock, Vanier

*

* *

[10 septembre, Barrès à Sorg : Les Moréas et décadents, toujours très camarades, et bons camarades avec moi. On leur a fait, cette année, une réclame énorme. Mais ils ne gagnent pas un sou et décidément sont trop ridiculisés. DPV, 273]

56

APPENDICE II

NOTES D'ESTHÉTIQUE
LA SUGGESTION EN ART

Il semble qu'à l'inspection de leurs manifestions actuelles, les arts se puissent généralement définir de la sorte :

La peinture (1) use de moyens presque absolument concrets (les couleurs) pour produire un effet concret (descriptions d'objets, reconstitutions de scènes historiques ou religieuses selon d'immuables documents, relations d'épisodes caractéristiques, etc.).

La littérature use de moyens un peu plus abstraits (encore qu'il soit malaisé de tracer avec précision la limite du concret à l'abstrait dans un mot) pour produire, outre l'effet concret logiquement attendu, un effet abstrait. Notons que, dans la majeure partie des cas, cette part minime d'abstrait dans l'effet produit ne provient pas d'un préalable consentement de l'écrivain, alors même que celui-ci se serait attaché à décrire des phases spirituelles : à développer des idées, à figer des sensations, à expliquer des sentiments, au lieu de décrire des êtres ou des choses dans un simple but pictural.

La musique use de signes conventionnels (en d'autres termes, de moyens preque absolument abstraits) pour produire un effet presque uniquement abstrait.

De ces considérations découle immédiatement :

1° Qu'en peinture, l'effet produit s'arrêtant à la chose peinte, la suggestion peut être considérée comme nulle;

2° Qu'en littérature, la suggestion, quoique manifestement involue, existe néanmoins pour ce motif que, les mots assumant par eux-mêmes un sens plus indéfini que les couleurs par exemple, il résulte parfois, de l'accouplement de certains vocables, un effet superflu à la stricte signification de la phrase, une sorte de vague excédent du sens de la lettre écrite;

3° Qu'en musique, la suggestion est à peu près le seul effet produit, malgré les efforts de certains compositeurs à décrire, à illustrer leurs œuvres par un rappel direct à la réalité.

---

(1) Nous omettons à dessein de mentionner la sculpture, à qui s'applique *a fortiori* la définition de la peinture moderne.

Si les conclusions que nous posons ne provenaient d'une exclusive contemplation des seuls arts modernes, des arts *officiels*, à vrai dire, on pourrait être séduit par une apparente invitation — très réelle en l'espèce — à établir, la suggestion étant le critérium choisi, une hiérarchie des arts, en considérant la littérature comme la transition d'une étape formellement inférieure, qui serait la peinture, à un *devenir* inéluctablement supérieur, la musique. Mais cette classification momentanée cesserait certainement d'exister si l'on rapportait à telle époque antérieure les investigations toutes actuelles d'ici; d'autre part, les postes qu'elle assigne aux arts, relativement à la suggestion, peuvent être fictifs si l'on adopte une autre base; et d'ailleurs, dans l'état actuel des arts, tout essai tendant à déterminer leurs valeurs absolues et réciproques, nous paraît oiseux. Le stage artistique moderne, quoique probablement honorable, puisque le public le prise ainsi, n'a pas, selon nous, atteint un niveau suffisamment caractéristique pour motiver de précieuses spéculations. Aussi bien, avons-nous désiré partir de là, afin de dégager certaines inconnues dont des résultats virtuels ou empiriques pourraient être constatés dans maintes œuvres, et, subséquemment, afin d'élargir d'autant les formules d'art.

Nous avons dit, de ceux qui détiennent actuellement la faveur du public, qu'ils évitent la recherche de la suggestion comme adjuvant aux moyens capables d'émouvoir, ou que du moins ils ignorent les procédés qui leur permettraient de s'en servir fructueusement. Cela est surtout manifeste pour la peinture : les peintres d'aujourd'hui, qui sont des ouvriers hors de pair, se bornent à illustrer des sentiments banals et quasi-démodés : tels le chauvinisme et la piété, ou à commenter l'amour enseigné par les romans-feuilletons. La platitude des idées traduites a même pu inspirer à M. Huysmans, le rude salonnier, un amusant article (2) dans lequel il mentionnait l'influence des chansons de cafés-concerts sur la peinture moderne.

Néanmoins, parmi les peintres officiels, il en est qui volontiers s'évadent de ces ornières; les paysages de M. Cazin sont tout imprégnés d'une crépusculaire mélancolie; les portraits de M. Sargent révèlent un esprit soucieux d'élégance et M. Puvis de Chavannes peint de poétiques et nobles toiles; ces artistes et quelques autres encore, plus délicats, plus *intelligents* surtout que la foule de leurs confrères, sont les indices d'une évolution embryonnaire en peinture, évolution naturellement insoupçonnée de la critique et analogue sur divers points à une toute commençante évolution littéraire. Nous tenterons dans ce sommaire travail d'en noter les prodromes.

De modernes inquiétudes, faussement ou paresseusement interprétés, créèrent en Angleterre de charmants artistes; l'école des peintre préraphaélitiques, en France, avec davantage de résultats acquis, M. Puvis de Chavannes. En ces délibérées ou fatales demi-mesures, si dignes d'ailleurs de plaire, ne peut-on pas constater les

---

(2) La *Genèse du Peintre*. *Revue indépendante*, n° de mai 1884.

tentatives de résumer ou de synthétiser les acquisitions antérieures qui précèdent toute évolution, ce pour quoi naquit Gustave Moreau.

Incité par d'ultra-modernes rêveries, ce peintre emprunta aux primitifs italiens, résumés et magnifiés par Léonard de Vinci, la hautaine simplicité de la composition, la véracité et la splendeur du décor, s'enquit auprès de Memling et de Dürer des douloureux, des décevants symboles, maîtrisa tous les procédés, disons même tous les *trucs* inventés ou rénovés par les modernes, octroya par son faire prestigieux *une valeur abstraite à la couleur*, et s'imprégnant de tous les mythes, de toutes les légendes, et les résorbant, évoqua en des toiles sans égales la décisive œuvre picturale de ce siècle. Un rapprochement, ce nous semble, pourrait être essayé de ce peintre à un génial musicien, Richard Wagner (3). En oubliant les recherches d'art intégral de ce dernier, il peut apparaître aux penseurs que Wagner et Moreau ont, chacun dans la mesure de son art, résumé décisivement le passé, pressuré jusqu'à l'anéantissement les séculaires formules modernisées, et qu'après eux plus rien ne demeure à faire, sinon inventer d'autres fictions.

Penseur plus que peintre, et intuitif plus que tout cela peut-être, M. Odilon Redon se montre aux prises avec de telles préoccupations. Nues, pour ainsi dire, les lithographies de son dernier album (4) (car les légendes y sont superflues et le dessin malhabile n'est qu'un prétexte) induisent aux prochains songes. Une erreur nous semble être néanmoins commise par cet artiste : Jusqu'à maintenant il s'est cru dans la nécessité de justifier ses œuvres par des motifs en dehors de lui-même, tel, par exemple, celui d'interpréter Edgard Poë, voire Pascal. A de tels appuis, selon nous, il ne peut que perdre; ces apparentes transpositions d'art ne sont surtout pas de son fait. Qui peut prévoir les résultats qu'obtiendrait M. Redon si, délibérément, renonçant à toute influence extérieure, il s'abandonnait à son seul génie?

Citons encore, dans un analogue ordre d'idées, les eaux-fortes de M. Félicien Rops, si cruelles, malgré un satanisme, suranné déjà dans Baudelaire.

Viennent alors tout naturellement ceux qu'à bon droit l'on peut nommer les peintres de demain. Manet, par ses théories, par ses conversations, par son attitude, par ses amitiés plus encore que par sa peinture, — presque virtuelle, si nous pouvons dire, — les suscita. Guidés par le raisonnement, ou plus probablement encore par leur tempérament, ils comprirent que, sinon inventer de nouveaux symboles, la Vie, d'où tout symbole s'essore, leur restait; que la peinture purement descriptive n'ayant nulle raison d'être, vu son caractère tout conventionnel, et que la couleur ne peut pas faire de la lumière, il fallait laisser à d'agréables amateurs le passe-temps de

---

(3) Lire dans le n° d'août 1885 de la *Revue Wagnérienne* : Richard Wagner, rêverie d'un poète français, par M. Stéphane Mallarmé.

(4) *Hommage à Goya*, 6 planches. En vente chez Dumont, 21, quai des Grands-Augustins.

lutter de *trompe-l'œil* avec la nature; que dès lors leur incombait le soin non pas de décrire, mais d'émouvoir la couleur, de la douer de sensation, afin de *fugitiver* la vie, telle qu'elle leur apparaît, *fragmentaire et caractéristique.*

L'étiquette d'*impressionnistes*, médiocrement exacte, décora ces artistes plus ou moins moqués par la critique et non connus du grand public. Chez une élite circulent leurs toiles, celles de MM. Renoir, Claude Monet, celles d'autres qui ne sont encore que décoratives peut-être, mais où se devine, pressentie, l'eurhythmie de la couleur; celles surtout de M. Degas où des danseuses mauves et lilas, si peu réelles dans le sens photographique du mot, mais si *imminentes* ou si prochainement distantes, selon que le maximum de sensation précédait ou suivait l'instant résultant auquel la description, ravissent ceux qui estiment que, *plus fugace et exempt de commentaires, le plaisir est plus profond.*

Saint-Simon, qui possédait le don pictural essentiel à sa vocation de chroniqueur retors, esquisse, en des lignes que nous sitons[*sic*] fragmentairement et de mémoire, ce portrait d'un personnage quelconque : "Sa voix était saccadée; il avait des cheveux *verts* et portait un habit *rouge*..." Si grossiers étant en littérature les moyens de description directe, n'était-ce pas là, pour Saint-Simon, trop pressé pour chercher des analogies, la manière instantanée et apparemment naïve de traduire une sensation véridique (5), laquelle néanmoins, n'aurait pas résisté à l'examen raisonnable et de sang-froid qu'en eût fait un écrivain pratiquant la respectueuse observance de la passivité de ces lecteurs?

Transplantées en leur terrain congru, c'est-à-dire dotant le regard des peintres impressionnistes actuels, ces qualités conduisaient chaque artiste à choisir le milieu moderne exact qui lui pouvait convenir; du même coup s'intronisaient maints perfectionnements de technique, le pastel et l'aquarelle se substituant souventes fois, pour plus de clarté et de fraîcheur, à la peinture à l'huile; aussi, conséquence non fortuite, mais bien exigée, l'anecdote était bannie du choix des compositions, tout au plus reléguée dans la peinture de genre, laquelle n'est, à notre sens, que de l'illustration bien éduquée pour journaux quotidiens. En effet, ou bien le peintre (tel fut Chenavard) perçoit le sens intime de l'apparence des choses, et désormais la partie matérielle de son art ne lui devient qu'un merveilleux prétexte à figer, selon les âges, de hiératiques ou de fuyants symboles; ou bien, objectif et suprême voyant, il passe sans comprendre la signification et les rapports des objets, ne saisissant en eux qu'un émouvant conflit d'attitudes des couleurs.

Une désignation spéciale a été inventée pour cataloguer les productions des peintres s'écartant de toutes traditions, celle de *peinture littéraire* (on a prétendu

---

(5) Les cheveux évidemment poudrés, comme la coutume l'ordonnait, pouvaient à un fréquent et rapide regard, paraître de couleur verte, la complémentaire du rouge.

que M. Puvis de Chavannes était poète davantage que peintre et que M. Odilon
Redon faisait de la lithographie littéraire). Cette expression, — n'était son insanité,
— ratifierait la classification imaginaire des arts que nous indiquions au début de
cet article, puisqu'elle indiquerait que la peinture, en progressant, empiète sur la
littérature. Il n'en est rien, et l'on serait tout aussi fondé de parler de *peinture
musicale*, vu que l'unique différence de cette peinture à la peinture descriptive (6)
réside en ce que celle-là usite, par sa raison d'être, la suggestion.

En littérature, les poètes et les romanciers qui se sont succédé jusqu'à l'heure
présente, ne se sont pas souciés beaucoup d'engendrer — ou du moins, d'engendrer
tacitement — des suggestions dans l'intellect de leurs lecteurs. Néanmoins, et
comme nous l'avons expliqué en débutant, le signe étant ici, plus différent qu'en
peinture, de la chose signifiée (7), il s'est fréquemment trouvé que le travail nécessaire
pour engendrer la suggestion s'effectuait de lui-même et à l'insu des écrivains. Ex-
aminer, en les classifiant de la sorte, ses livres modernes, nous sera un moyen
mécanique, excluant les apophthegmes et les conclusions, de montrer les voies
prochaines de la littérature.

Autant les extériorités d'une part, la signification symbolique de ces extériorités
d'autre part, sont du domaine exclusif de la peinture, autant l'âme appartient à la
littérature. La peinture, art complet et se refusant aux empiètements, livre —
qu'elle s'adonne réellement ou symboliquement à la représentation des choses —
des *couleurs d'apparences*; la littérature sonde et délaisse les apparences et note des
couleurs d'âmes. Deux aspects s'offrent à elles, l'un apparemment envisagé par les
poètes, le second par les prosateurs (cela d'ailleurs sous bénéfice de prochain inven-
taire, car mal définis sont les rôles respectifs des deux procédés d'écriture), à savoir,
la réalité et la fiction, mieux peut-être, le sens apparent, le sens humain des choses
animées et leur sens symbolique, presque se pourrait dire leur sens métaphysique.

A ces deux larges catégories se rangent implicitement ou d'autre sorte les
écrivains dont le penseur puisse avoir cure. Stendhal, avec *la Chartreuse de Parme*,

---

(6) Nous confondons de propos délibéré dans la *peinture descriptive* les 99/100 des toiles
    exposées au Salon, à savoir le genre religieux, patriotique, idyllique, bucolique, etc.,
    etc.

(7) On pourrait, si cela était nécessaire, confirmer ce dire en constatant les avatars de
    diverses œuvres, qui, après avoir été, semble-t-il, définitivement rejetées, oubliées
    même, pendant des temps, surgissent, de fois à autres, dotant d'origines précises
    telles générations. Pour des aspirations d'un transcendantal mysticisme, une toute
    actuelle catégorie d'écrivains compulse entre autres sainte Thérèse et la *Nuova Vita*
    du [*sic*] Dante, y voulant lire, y lisant des soucis analogues ou concordants, car, chose
    remarquable, ce ne sont pas les écrivains qui s'assimilent ces œuvres, défuntes en
    somme, mais ces œuvres mêmes, qui, de par la magie des mots, se guindent à une
    époque, se mettent à son point.

le Rouge et le Noir; Flaubert, avec *Bouvard et Pécuchet*, *l'Education sentimentale*; M. Edmond de Goncourt avec *la Faustin*; et surtout des romanciers russes récemment traduits, parmi lesquels Dostoievsky, témoignent — abstraction faite pour chacun de préoccupations spéciales et secondaires, et autant toutefois qu'une œuvre réalisée puisse seconder une théorie — à des degrés divers, de la première compréhension de la vie directe par l'écrivain. Puisant dans chacun de ces livres des fragments selon nos vues, nous définirons ainsi :

Le roman, genre bas et informe, uniquement destiné à flatter de méprisables instincts (quoique antérieurement parfois relevé et modifié jusqu'à y perdre son nom par la virtuosité des grands artistes et des intellectuels ou par le charme s'attachant à toute autobiographie) peut devenir un genre définitif et artistique en se délivrant des influences non compatibles avec sa nature; en cessant d'être le compendium des aspirations sentimentales du populaire (8); en accordant une notable importance non pas à un style mais aux styles; en envisageant la vie avec une sympathie qui peut être positive ou négative, mais dont l'existence implique la compréhensivité de l'écrivain et son humaine véracité.

Ces initiales conditions, ordonnées par la recherche de l'effet suggestif, se synthétiseront, à l'étude du rôle du romancier devant la vie. Les résultats obtenus par les romanciers dits naturalistes nous serviront de point d'appui. Partant de formules empiriques et doués plus ou moins de cette qualité toute objective et essentielle aux seuls peintres, laquelle consiste à emmagasiner le grouillement de couleurs d'un décor quelconque, ils sont arrivés sans effort artistique considérable, sans observer très profondément et sans se soucier beaucoup de la psychologie, ils sont arrivés, disons-nous, en exagérant leur puissance de coloris — un peu factice, comme celui de Delacroix — et en vacillant entre la peinture et la littérature, à simuler rudimentairement la vie.

Une grave erreur, notamment, peut leur être reprochée! Inhabiles, par manque de mot d'ordre précis, à s'attaquer à la vie réelle, ils ont cru, alléguant leur sincérité, qu'il leur suffirait, pour pallier la faiblesse de leurs compositions, d'y placer à des endroits dûment déterminés ce que l'on a nommé un "morceau", c'est-à-dire un nombre rigoureusement calculé de pages de descriptions. Ils ne se sont donc pas douté que, dans une œuvre littéraire vraiment vivante, le décor — synonymement la description - n'a de raison d'être qu'autant qu'il est perçu objectivement ou subjectivement par les personnages mis en jeu, *qu'autant qu'il influe sur les déterminations physiques ou psychiques de ces personnages*. Et pourtant Edgar Poë l'avait senti avec un tact unique; l'on serait même tenté de supposer qu'ayant imaginé un procès d'âmes, l'auteur de la *Maison Usher* ne dressait qu'après coup, afin d'exacerber la

---

(8) Cela naturellement, dans un but inférieur, car fort beau précisément et voisin de *l'Education sentimentale* pourrait être le livre dont nous donnons ainsi le titre.

sensation, le décor essentiel ou *vice versa.*

Plus niais encore qu'en peinture, sont ces essais de lutter de vérité directe avec le monde ambiant, qu'en littérature et en musique l'on a flétris de ces absurdes surnoms, le rendu, l'harmonie imitative. L'on ne sait par quelle aberration des écrivains estimables ont pu se complaire à ces jeux d'ébéniste byzantin et se méprendre jusqu'à ce point sur le rôle du mot. Il serait étrange que, là où la couleur échoue à donner la sensation directe, ce fût le mot qui intervînt!

Mais, d'ailleurs, l'on ne saurait, en toute franchise, reprocher au naturalisme de n'avoir qu'en partie mérité le titre qu'il s'est arrogé. A proprement parler, le naturalisme (nous englobons sous cette dénomination celles de vérisme, réalisme, etc., qu'on a arborées jusqu'à ce jour) ne figura dans l'histoire de ce siècle, que comme une littérature de combat et de réaction.

Venu à son heure pour s'opposer à l'envahissement des romans à affabulation conventionnelle et soi-disant vertueuse, il est tout naturellement tombé dans la convention opposée. D'un côté, la platitude est engendrée parce que les personnages sont sots comme des gravures de modes et pratiquent les sentiments prescrits dans les manuels du bon ton; de l'autre côté, la platitude provient de l'observation incomplète et bornée à des détails burlesques, provient surtout de l'étude superficielle et exclusive de types peu développés. Néanmoins, le rôle du naturalisme aura été suffisamment efficace, puisque de vrais littérateurs comme M. Huysmans et M. Edouard Rod sont partis de lui.

La tendance à l'analyse ou la tendance à la synthèse sont motivées chez l'écrivain par l'acuité ou la largeur de son regard; par la qualité ou par la quantité des matériaux antérieurs amassés; plus encore, puisque en général les tendances de l'écrivain résultent de son assimilation à une époque, par la phase de l'humaine évolution qu'il traverse. Un autre motif impliquant ces tendances différentes peut être également invoqué; l'observateur éprouve de la sympathie pour la vie ou bien la dédaigne, cela, non pas en vertu de sentiments irraisonnés, mais parce que ce dédain ou cette sympathie sont les deux termes inéluctables d'une antinomie. Plausibles toutes deux, ces tendances, dont l'essence est naturellement d'être modernes, nous résument le roman.

La synthèse, apte aux époques caractéristiques, voit dans la vie des simultanéités et des contingences d'événements, vastes ou subtils procès où sombrent les personnalités; de sorte qu'elle n'admet, pour représenter la vie, que des personnages de parti-pris incomplets, de voulues entités qui, dans l'œuvre, ne figurent que par l'apport de gestes ou de phrases qui leur sont propres, que par un côté spécial, non peut-être le plus attrayant, mais le seul utile. Plus la synthèse sera élargie, moins on remarquera de "premiers rôles". Tous les personnages — nous entendons par ce mot, les choses et les êtres efficients de la vie — seront des comparses. Leur communion caractérisera un plus ou moins long laps de temps. En d'autres termes, mise à part l'idée-mère (exemple : *La Guerre et la Paix,* de Tolstoi) qui n'appartient pas à l'écrivain, mais à l'époque par lui envisagée, le roman synthétique se refusera à toute affabulation d'un ordre quelconque, ne comportera plus une "intrigue", comme on disait.

L'analyse, idoine aux périodes de transitions, se borne à transcrire des individualités. Prenant, à un moment donné, un type quelconque, le roman analytique accompagnera cet être, puis, sans autre motif que l'impossibilité de le poursuivre plus longtemps, l'abandonnera (9). Similairement, mais inversement au roman synthétique, le roman analytique se gardera d'imaginer que la vie gravite autour du "héros" choisi. Parmi les événements, autrement dit le décor, et en quelque sorte les causes apparentes des volitions dont les effets seront notés, le roman d'analyse, négligeant tous ceux dont l'admission parasitaire était destinée à provoquer l'intérêt, n'adoptera que ceux-là, même futiles, qui sont objectivement ou subjectivement perçus par le personnage en jeu. Et, ce faisant, avec toutes sortes de réticences, en se souvenant bien que la psychologie est une science naissante et que d'ailleurs, toute analyse actuelle est par ce fait condamnée à ne pas vivre.

Ainsi conçu, le roman existe peut-être. En somme, il s'agirait du maniement littéraire d'idées pures, représentées ici par des événements, là par des êtres. Et ces événements et ces êtres — dès lors *illustrations sensibles d'idées* — ne peuvent-ils pas être assimilés à des métaphores, ce par quoi la littérature doit traduire en mots l'idée pure? Ceux-là qui comprennent *le Crime et le Châtiment,* de Dostoievski voudront se souvenir de Svidrigaïloff. Vus fragmentairement, comme l'on voit la vie, deux instants lointains qui nous révèlent l'existence de cet *être humain* sont les deux termes écartés d'une métaphore, où manquent, *comme en tout,* les points d'appuis intermédiaires. Et nous voulons montrer qu'une métaphore est d'autant plus suggestive que ses deux termes sont plus lointains, c'est à-dire plus réels.

La presse quotidienne s'est égayée cette année des primes débuts de quelques poètes. Il s'agissait, disait-on, d'accouplements saugrenus de mots inconnexes, de vocables odorants, de parfums musicaux, de vertus spéciales attribuées à l'emploi de caractères typographiques choisis, etc. Redresser à l'usage de nos lecteurs ces renseignements un peu sommaires serait déjà utile, si précisément les recherches de ces artistes nouveaux dans le domaine de la suggestion ne nous requerraient point.

Insoucieux des fruits de l'observation et de l'analyse directes, ces poètes, — des

---

(9) Nous avons été charmé par *Songes,* un volume de M. Francis Poictevin. Cet écrivain nous semblait alors comprendre ce que doit être le roman d'analyse.

décadents, prétend-on — exaltant toute vie jusqu'au Rêve, tentent de la symboliser en de *neuves fictions*(10). Que si, pour en disserter, il convient d'attendre l'Evangile de cette religion future, nous pourrons toutefois, avant l'exégèse, commenter le rituel, c'est-à-dire prouver la concordance des manifestations quasi-extérieures qui se sont produites jusqu'à ce jour, avec de *supra*-modernes exigences, avec la littérature nouvelle qui en sera le succédané.

Avides de sensations hautaines, ces artistes ont déclaré l'extrait préférable à la substance et l'idée pure plus séduisante que ses manifestations. Dès lors, il leur fallait, puisque poètes, un langage autrement efficace que le discours usuel pour cerner l'idée pure avec la plus voisine approximation; quelque chose qui, transporté en littérature, c'est-à-dire qui, avec la plus grande somme d'art possible, rappelât en quelque sorte les formules abstraites dans lesquelles les mathématiciens enserrent leurs lois.

Les métaphores tout naturellement se trouvèrent affinées, puis élargies. En effet, la contemplation unique de l'idée pure exige pour celle-ci une autre traduction que de simples rappels à la réalité. Une chevelure cesse alors d'être immémoriale-ment blonde comme les blés et les yeux évoquent de plus précieuses images que les gemmes. Au lieu de se borner à chercher des qualités objectives, on acquit une inépuisable mine à la suggestion en *qualifiant par des épithètes subjectives*(11).

Le premier terme d'une métaphore étant donné, par des analogies successives rigoureusement suivies, on arriva au terme définitif, et par respect pour le lecteur, on supprima tout l'échafaudage préparatoire, et la métaphore se trouva constituée, lointain et suggestive.

Mais d'ailleurs ces recherches, absolument neuves en ce sens qu'elles tâchent à atteindre un but défini, pourraient être apparentées avec des pratiques antérieures : M. Théodore de Banville, dont les poètes symboliques se réclament à des titres divers que nous exposerons un jour, recommande, dans son *Petit Traité de versification*, l'emploi des mots techniques. Les romantiques, Victor Hugo en tête, avides de *couleur locale*, hérissaient leurs vers de mots empruntés à tous les lexicons. Les religions furent mises à contribution, les Scandinavies et les Espagnes fournirent leur contingent de mots barbares ou sonores et les ballades romantiques acquirent

---

(10) Nous avons désiré montrer que la peinture s'applique déjà à exprimer la signification extérieure de ces fictions.

(11) A ce propos, une anecdote dont l'authenticité est peu importante : On rapporte qu'un jeune poète lisait à Théordore de Banville de petits vers où il était question . . . d'un hercule *fort*. Le maître trouva les vers excellents, comme il convient, mais néanmoins suggéra au jeune poète qu'il devrait changer son épithète *fort* et la remplacer par . . . "Voyons, cherchez dans les adjectifs monosyllabiques . . . Mettez un hercule . . . *bleu*, par exemple!"

ce charme qui s'attache aux objets venant de contrées lointaines.

Or ce charme que M. Maurice Barrès constatait en ces termes dans un récent article(12) : "Quel fin lettré un peu artiste ne sentira les évocations enfantines des mots primitifs, la muette somptuosité des liturgiques!" provient purement et simplement d'une suggestion élémentaire. Elémentaire s'il en fut, et de courte durée, car la vertu d'un mot est fugace! Aujourd'hui les "roses d'Ispahan" sont presque aussi démodées que celles du Bengale et les contrées du Nord ne sont plus de mise depuis ce ravissant vers de Leconte de Lisle :

> Sur le bord du plus frais de tes lacs, o Norwège!

L'Inde est caduque, et le comte de Villiers de l'Isle-Adam, le prestigieux styliste, pouvait seul songer à en ranimer les enchantements — vulgarisés par tous les Jacolliot — en cette suprême nouvelle d'art : Akëdysséril! De même, toutes époques lointaines sont usées, sauf Byzance peut-être, que M. Sardou n'a pas même pu dégrader, et Verlaine, en ses enchantantes *Fêtes Galantes*, a exprimé l'essence des Watteau.

Le plus logique et le plus superficiel éloge que la critique ait pu décerner aux poètes suggestifs, fut d'établir que les résultats de la technique nouvelle étaient plutôt du domaine musical que du domaine littéraire. Encore une fois, notre classification préliminaire des arts se trouverait justifée en apparence; encore une fois, il ne s'agit que de l'effet inconnu jusqu'alors de la suggestion. Nous croyons avoir démontré que, de même que la peinture, la littérature est un art complet qui n'a rien à emprunter aux arts co-existants.

Il serait superflu, après les raisonnements employés pour la peinture et la littérature, d'essayer de prouver que la musique, qui parle *toutes les langues*, puisque c'est elle qui, usant des moyens les moins concrets, traduit le plus abstraitement l'idée, doit se refuser, sous peine d'amoindrir son effet, à tout rappel direct à la réalité. D'ailleurs, nous ne connaissons rien de plus ridicule que cette anomalie : la *musique descriptive*, que des musiciens de talent préconisent néanmoins. *La musique exalte les rêves de chacun*, a dit fort justement M. Taine. Pourquoi préciser un sens quand c'est le but de tout dire?

Charles VIGNIER.

---

(12) Voir le premier numéro des *Taches d'encre*.

TABLE DES MATIERES

jc